Entrée, plat, dessert

Édition : JDH Éditions
77600 Bussy-Saint-Georges. France

Imprimé par BoD – Books on Demand, Norderstedt, Allemagne

Illustration couverture : Yoann Laurent-Rouault
(SAS CAUSA LUDENDI : *causaludendiproduction@outlook.com*)

Réalisation et conception couverture : Cynthia Skorupa

ISBN : 978-2-38127-308-2
Dépôt légal : janvier 2023

Martin Hypothalamus

Entrée, plat, dessert

JDH Éditions

Nouvelles Pages

À tous les joyeux lurons

« Faut rigoler faut rigoler
Avant que le ciel nous tombe sur la gueule
Faut rigoler faut rigoler
Pour empêcher le ciel de tomber »

Boris Vian

La Grosse Bouse

Tout commença le matin du 3 mars 2002, sur les coups de dix heures. Célestin Poivrier se leva, la tête encore lourde des excès de la veille : encore une fois, il avait bu et fumé plus que de raison ! Sur la table basse de son salon trônaient deux paquets de clopes éventrés ainsi que deux bouteilles de très mauvais pinards. Comme d'habitude, à chaque lendemain de biture, il éprouvait un terrible sentiment de culpabilité mêlé de regrets, de remords : il se reprochait sa déchéance, mais il avait aussi l'impression de ne pouvoir empêcher cette descente aux enfers. Il souffrait trop et ne pouvait que désespérément plonger dans le vide. Dans sa chute, il tombait parfois sur une branche perdue, alors il essayait de se ressaisir ; cela durait quelques jours, et puis la branche finissait par se briser sous son poids de tristesse, et il recommençait à tomber, à tomber, chaque jour un peu plus bas.

Célestin était seul ! Il habitait Graboeuf-sur-Auge, sans doute la ville la plus moche du monde, dans le quartier de La Morgue, sans doute le quartier le plus moche du monde, dans un HLM pourri, sans doute l'appartement le plus moche du monde ! Cela faisait déjà deux ans qu'il était redevenu célibataire : à la fin d'un après-midi de février, il avait surpris sa femme au lit avec son frère, un jour qu'il s'était absenté pour un énième rendez-vous carrière chez Pôle Emploi. Sa conseillère était tombée malade, il avait rebroussé chemin, avait acheté à sa chérie dans une boulangerie huppée un pain au chocolat aux amandes, était revenu chez lui tout sourire avec son cadeau surprise, avait ouvert la porte de leur chambre à coucher, puis était tombé nez à nez avec les fesses de son frère cadet au premier plan, la bouche de sa femme au second.

Après quelques mois de négociations intenses, sa femme avait obtenu la maison, la voiture, les comptes en banque, plus la garde de Fisty, l'adorable yorkshire qu'ils avaient enlevé au dernier moment des mains d'une usine qui fabriquait des serpillières. Il avait enfin déménagé dans ce modeste une pièce et demie. Pour se consoler, il s'était dit que de toute façon, sa chérie ne voulait pas d'enfant et que son cocufiage l'avait sans doute sauvé d'une situation inextricable, car lui en voulait au moins deux. Seulement, un an plus tard, il avait reçu par la poste un faire-part de son frère lui annonçant la naissance de Lhylloo, précisant que la maman était super contente !! La photo de son ancienne chérie allongée, heureuse, dans un lit de maternité, avait provoqué chez lui une tristesse monumentale, et c'est à cet instant-là qu'il avait commencé à boire.

Sa vie amoureuse avait foiré, sa vie professionnelle était sur le point de connaître le même sort : en effet, cela faisait plus de vingt ans qu'il envoyait ses manuscrits à des maisons d'édition. Au début, à dix-sept ans, il avait pensé que son génie serait reconnu un jour, mais en ce 3 mars 2002, quand il se leva, la tête et le corps en compote, puis tomba nez à nez cette fois-ci avec la pile de lettres de refus qui mesurait dorénavant un mètre cinquante-cinq, soit sa taille, il se dit simplement qu'il était un pauvre raté qui se prenait pour Baudelaire, ou pour Marc Levy.

Il alluma une clope et sentit dès la première taffe une poussée monumentale au niveau de ses intestins. Célestin Poivrier était un homme qui connaissait ses habitudes : il savait par expérience que chacune de ses journées commençait par deux passages aux toilettes, espacés d'une demi-heure. Si cela ne se produisait pas, si par exemple il n'allait qu'une seule fois sur le pot, sa journée était foutue ! À pas lents, comme feutrés, il se dirigea vers les water-closets et se mit à pousser. Oh, il ne se faisait aucun souci, car dans sa vie ô combien merdique, il n'avait qu'un motif de satisfaction : son système gastrique ! En effet, depuis sa plus tendre enfance, mais il ne s'en était vraiment rendu compte que lors de son adolescence (à l'âge où l'on prend conscience des choses véritables), son seul moment de plaisir résidait dans ces quelques secondes où il déféquait en relevant la tête, yeux fermés, absorbé par la jouissance. Car oui, il jouissait en déféquant ! Il avait l'impression à chaque fois de se libérer, et lorsque le tout descendait et plongeait dans le vide, il éprouvait ce que sans doute avait ressenti n'importe quel esclave noir affranchi se libérant de ses chaînes, ce que le rescapé d'un naufrage ressent lorsqu'à demi inconscient, il se réveille sur une plage de sable fin mouillé, blessé, mais vivant ! Quelques secondes de bonheur dans une existence ratée et alors sur son trône, fugitivement, Célestin Poivrier avait l'impression de se transformer en roi, se vidant d'un coup de toutes ses noirceurs d'alcoolique drogué ! Il n'y avait, de plus, aucun papier toilette chez lui, car, chose incroyable et presque surnaturelle, depuis qu'il était né, cet homme ne réalisait que des perfects !!

Ce 3 mars 2002, profondément libéré, Célestin allait tirer la chasse d'eau, mais ce qu'il fit ce jour-là bouleversa à tout jamais sa banale existence. En effet, curieux, il se mit à scruter son travail… Il se savait bon chieur, mais il était loin de se douter de ce dont il prit conscience ce jour-là… Ses deux étrons se tenaient sagement dans la cuvette et leur beauté lui sauta au visage : on aurait dit les *Demoiselles d'Avignon* sortant du bain, proposant à tous leur chair tendre et leur érotisme insolent. Il n'avait pas seulement un bon système gastrique ! Ce qu'il sortait des profondeurs de ses intestins, c'étaient des œuvres d'art !! Jamais il n'avait vu quelque chose de semblable, ni dans les chiottes parfois bouchées d'aires d'autoroute mal entretenues, ni sur les trottoirs des centres-villes, ni sur les vidéos pornos qu'il regardait en boucle sur Internet… Partout de médiocres bouses, chaotiques, désordonnées, s'entassant comme de mauvais boudoirs près d'une fontaine de champagne dans une réception d'ambassadeurs, ou alors d'horribles mousses au chocolat sans consistance, réalisées par de mauvais étudiants en CAP pâtisserie option dessert Côte d'Or, du médiocre partout, et de l'art nulle part ! Lui, c'étaient des arabesques, de la calligraphie, des enluminures ! Il avait toujours pensé que son génie résidait dans ses mains, il n'avait jamais imaginé qu'il se cachait en fait au fin fond de son rectum…

Dès lors, tous les matins, il se mit à prendre en photo toutes ses réalisations. Il se constitua assez vite un book remarquable qu'il déposa sur tous les réseaux sociaux. Au départ, ses œuvres ne connurent l'assentiment que des adeptes de la scatologie, jusqu'au jour où Martin Picheur, le célèbre rédacteur du magazine *Nature Chiasse et Tradition,* réalisa un article dans lequel il inséra les productions de Poivrier. Ce magazine tomba dans les mains d'Antoni Tapiès, le célèbre peintre espagnol, adulé pour ses tableaux réalisés avec ses propres excréments. Installé confortablement dans son canapé en skaï de Northumbrie, l'artiste renommé laissa tomber le magazine : il était tombé fou amoureux d'une œuvre que Célestin avait sobrement intitulée *Le jardin des immondices* et dans laquelle on voyait deux saucisses de Morteau s'enlaçant langoureusement comme Adam et Eve dans un paradis couleur caramel ! Le peintre, émerveillé, alluma son PC et découvrit, ébahi, le book de Célestin. Il fut subjugué par tant de talent ! Le jour même, il appela son agent, puis Célestin lui-même, et il organisa, la semaine suivante, une rencontre entre les deux hommes. Lors de cet entretien, il fut convenu que Poivrier réaliserait une suite de douze tableaux réinterprétant à sa manière les grandes œuvres de l'Histoire de l'Art. On programma l'exposition six mois plus tard et Célestin se mit au travail. Tapiès lui fournit son atelier, il lui acheta également de grandes toiles sur lesquelles Poivrier s'échina. Tous les matins, il se levait, prenait un petit-déjeuner consistant, sa première clope, et quand il sentait l'inspiration venir, il se plaçait à la turque, bien concentré sur sa toile, pieds fermement ancrés et cuisses fermes. Tapiès regardait à chaque fois le génie en pleine création : on aurait dit un courtisan baveux devant le Roi Soleil !

Le jour de l'exposition, il y eut foule ! Le Tout-Paris se déplaça et l'on vit même dans les travées l'artiste contemporain Jeff Koons, impressionné par l'avant-gardisme de Célestin. Celui-ci avait d'ailleurs tenu à mettre l'artiste américain à l'honneur en plaçant au centre de son expo sa réinterprétation du célèbre homard intitulée *L'Écrevisse* ! Célestin était devenu la coqueluche du monde de l'Art ! On reconnaissait le talent de cet artiste novateur qui, selon la grande critique d'art Maria-Katarina Mileski, « semblait expulser de ses entrailles l'atrocité de l'humanité, livrant à chaque toile sa vision concrète de la société en train de se faire, dénonçant à chaque fois les horreurs sous une forme archaïque, voire tribale, mais qui interrogeait en même temps l'absurdité matérielle téléologique et presque catachrétique de nos sociétés civilisées, nous obligeant à regarder sous un autre angle l'approche chtonienne de l'occidentalité machiste, violente, presque topique de notre vision de l'Histoire » !

On écrivit des articles, on inventa des polémiques ; ce jour-là, Célestin Poivrier était un Dieu, entouré de ses œuvres-déesses :

– *La Verge à l'enfant*, hommage à Raphaël
– *Le Pain turc,* hommage à Jean-Auguste Dominique Ingres
– *Le Jeune homme à la perle*, hommage à Vermeer
– *Le Pousseur,* un bronze dédié à Rodin

Sans oublier l'incroyable *Guernicacao* que les fans de Picasso s'arrachèrent !

L'ancien raté devint tout d'un coup immensément riche, donc immensément intelligent, donc immensément beau ! Les femmes qui jadis le dédaignaient lui faisaient à présent les yeux doux. Ses défauts étaient devenus des qualités ; son mètre cinquante-cinq le rendait trop mignon, son gros bide lui donnait un air de Winnie l'Ourson, même ses boutons dans le dos donnaient l'impression de lécher une tablette de *Crunch*. Il voyageait dans le monde entier, dormait dans les plus beaux hôtels, mangeait dans les meilleurs restaurants, était invité sur tous les plateaux télé, même son ancienne femme le recontacta, et son frère, pris d'une soudaine générosité familiale, lui proposa d'être son agent ! Célestin jouissait de cette incroyable notoriété, mais il savait qu'il ne fallait pas qu'il se repose sur ses lauriers, il fallait qu'il se remette en selle et qu'il recommence à créer. Il avait d'ailleurs eu une idée grandiose : un hymne à la paix et à la tolérance, une immense toile qui unirait toutes les nations du monde intitulée :

Mille Colombins

Il acheta un château et le transforma en atelier. Concentré et solitaire, le nouveau Léonard de Vinci commença son œuvre. Mais ce qu'il ne savait pas, c'est qu'en s'achetant son propre palais et en quittant l'atelier d'Antoni Tapiès pour s'affranchir définitivement de son mentor, il avait créé la colère de ce dernier. Déjà, et progressivement, le peintre espagnol avait développé pour son élève un terrible sentiment de jalousie. C'était lui qui avait sorti Célestin de l'anonymat dans lequel il se trouvait, c'était lui qui l'avait poussé, mais le retour de bâton était terrible : dorénavant, on négligeait ses œuvres à lui, on disait qu'elles n'étaient que de pauvres bouses sans importance, que des jets d'excréments, on disait, en se moquant, que ses toiles n'étaient que des traces insuffisantes, qu'elles ne valaient pas la consistance arrogante des productions de Poivrier. Tapiès comprit que le succès de son élève était en train de provoquer sa chute, et que s'il voulait continuer à vivre, il fallait, tout comme Frankenstein, provoquer la fin de sa créature.

Il se rendit chez Célestin et se proposa d'entrer à son service comme homme à tout faire, s'occupant du menu fretin pour que le génie puisse donner sa pleine dimension ; il faisait le ménage, préparait les toiles, faisait la cuisine, s'assurait en définitive que le maître de maison soit dans les meilleures dispositions. Poivrier était aux anges, mais ce qu'il ne savait pas, c'était qu'avant tous les repas, Tapiès saupoudrait les plats, les verres de vin et même le pain que dévorait son ami d'une mixture complexe à base de *Smecta,* d'*Immodium,* d'une pincée de gingembre et de purée de banane. Et le drame, progressivement, s'installa… Célestin connut le syndrome de la toile blanche ! Le pire des maux pour lui, la Constipation, l'attaqua comme une pieuvre et l'entraîna dans les profondeurs de la dépression ! Il ne produisait plus rien. Il errait dans son gigantesque atelier comme une ombre, engloutissant des tonnes de nourriture et poussant nuit et jour. Mais rien ne venait, désespérément rien… À force de tout garder, il devint obèse, ne pouvant même plus se déplacer. Pendant ce temps-là, son agent le harcelait au téléphone, et le monde de l'Art, cruel, commençait à le reléguer dans les WC de l'Histoire. Pendant ce temps-là, aussi, Tapiès riait, et l'on entendait son rire toute la nuit dans ce château devenu un effroyable manoir hanté.

Un jour, Célestin, résolu à en finir, réussit à lever ses trois cent six kilos. Comme un éléphant dans un magasin de porcelaine de Limoges, il descendit les escaliers : il voulait se laisser tomber en haut du pont de Normandie et ne souhaitait pas réveiller Tapiès, de peur que celui-ci ne l'en empêche. Arrivé à la hauteur de la cuisine, il aperçut la porte entrouverte et ce qu'il vit l'épouvanta : le peintre espagnol, son mentor, son idole, était en train de vider un sachet entier de *Smecta* dans un saladier qui contenait déjà une substance étrange. Il comprit alors tout : l'arrivée de Tapiès, sa soudaine constipation, la suprême perfidie de son ami ! Il repensa à sa femme, au postérieur de son frère, à tous les malheurs de son ancienne existence. Désespéré, il sortit de chez lui en larmes, entra dans le premier fast-food qu'il rencontra, et mangea, mangea, mangea, jusqu'à n'en plus pouvoir ! Il devint énorme, gigantesque, les steaks s'amoncelaient dans sa bouche d'ogre ! Son corps ne put supporter une telle quantité de nourriture, il se mit alors à gonfler de manière inquiétante. Il gonfla, gonfla, si bien que les employés et les clients se mirent à quatre-vingts pour le faire sortir du restaurant. Celui-ci était malheureusement situé en haut d'une colline… L'artiste-goinfre dévala la pente et tomba sur un clou qu'avait laissé tomber par inadvertance un ouvrier en charpente. Tout comme un immense ballon de baudruche, Poivrier éclata, déversant sur la vallée les litres d'excréments qu'il avait emmagasinés depuis deux ans. Et un dernier miracle s'accomplit : Célestin, sans s'en rendre compte, créa son ultime et plus beau chef-d'œuvre : les litres devinrent des arabesques, et du torrent gastrique jaillirent des courbes magnifiques qui, solidifiées par trois jours de froid intense, devinrent une merveille architecturale, un nouveau Taj Mahal ! On retrouva l'artiste gisant à côté de son œuvre, comme un pauvre confetti après une semaine de carnaval…

On transporta son corps dans le mausolée qu'il s'était construit. Quelques années plus tard, un jury d'experts inscrivit l'édifice au patrimoine mondial de l'UNESCO. Il paraît que *La Grosse Bouse* (c'est le nom que l'on a donné à ce monument) reçoit plus de visiteurs que le mont Saint-Michel et la tour Eiffel réunis.

Popol Schwarzy

Bon à rien
Connard
Salaud
Abruti
Minable
Vieux gland
Bâtard
Nabot
Vaurien
Raclure

Voici la liste, non exhaustive, des insultes qu'il recevait chaque jour... Tous les matins au réveil, devant la glace de la salle de bains, et puis dans la journée, régulièrement, pendant les pauses déjeuner, et puis le soir aussi, lors du coucher, juste avant qu'il s'endorme. Une litanie qui n'en finissait pas et qui s'amplifiait le week-end, le samedi soir surtout, et le dimanche matin, quand Stan allait en boîte et réussissait à lever une fille. Le lundi aussi était souvent un jour de colère, une colère froide, larvée, qui s'abattait contre lui. La plupart du temps, c'était une violence verbale, mais il arrivait également qu'il reçoive des coups. Une fois, de rage, Stan avait été jusqu'à l'étrangler et il s'en était fallu de peu pour qu'il ne meure étouffé. Une autre fois, il avait évité de justesse la guillotine, quand Stan, devenu fou, avait saisi un couteau de cuisine et avait menacé d'en finir avec lui, définitivement, en le découpant en morceaux, en lui tranchant la tête, comme jadis un certain roi de France ! Oh, il pouvait prévoir ces colères ; à présent, il les anticipait. Et une angoisse quotidienne le saisissait. Il vivait sans arrêt dans l'attente, l'œil aux aguets. Sa vie était ainsi progressivement devenue un enfer et il allait de jour en jour tête baissée, misérable, en sachant que son existence ne serait qu'une suite d'insultes, de gestes violents, et il ne pouvait absolument rien faire, même pas se pendre, tout cela n'aurait servi à rien : il était comme Ixion accroché éternellement à la Roue des Supplices !

Popol était le malheureux pénis de Stanislas Brocardier, un beau jeune homme de vingt-six ans, brun aux yeux verts, ténébreux, dont la timidité était maladive. Cheveux bouclés noirs, allure élancée, corps svelte, les femmes étaient pourtant nombreuses à lancer des œillades, dans la rue, à ce comptable classe dont le regard semblait rempli d'un mystère qu'elles se promettaient d'élucider. Ce mystère avait un nom, et ce nom était Popol : un sobriquet donné par Stanislas à ce pauvre chibre dont il n'était pas fier… Tout cela avait commencé à douze ans. Jusqu'à cet âge-là, Stan ne s'était rendu compte de rien. Il avait même remporté à neuf ans, alors qu'il était en classe de CM1, le concours du plus beau garçon de la classe devant Yann Dubourg et Sébastien Brezand. En sixième, il avait réussi à piouter Claire Leguérinay, la plus belle fille du collège, lors d'une sortie à Tatihou, après une bataille d'eau mémorable ! Il avait été jusqu'à cet âge-là un petit garçon mignon, apprécié par les filles, un élève modèle, apprécié par ses professeurs, donc apprécié par ses parents. Il ne se posait pas beaucoup de questions. Il passait son temps à jouer au foot, sport dans lequel il excellait ! Au poste de numéro 10, il passait pour le meilleur de son équipe ! Malheureusement, comme le regretté Guillian Moinain, tout s'était gâté à l'âge de douze ans !

Un samedi soir, le 12 décembre 2005 exactement, Christophe et Christine, ses parents, se rendirent à un gala de danse. Son frère, de dix ans son aîné, logeait lui dans un appartement à Reinette-les-Bains où il menait ses études de commerce. Stanislas se retrouva donc tout seul avec des hormones qui commençaient à le travailler et un film pornographique sur Canal+ ! À minuit, il s'installa dans le canapé, la télécommande à sa gauche, bien posée sur un accoudoir en cuir vert bouteille ; à sa droite, un paquet de mouchoirs et un éclair au chocolat comme encas post-foutre. L'actrice principale était d'une beauté sans limites et d'un naturel conciliant, facile à vivre, car elle disait « oui » à tout et elle dit « oui » plusieurs fois de suite. Malheureusement, la séance fut gâchée, non pas à cause du jeu Hot d'or studio de la comédienne, mais parce que Stan Brocardier s'était rendu compte d'une chose : il ne levait pas des masses !! À un moment donné, pour en avoir le cœur net, il se mit debout, complètement nu, alla chercher un double décimètre dans l'atelier de son père, et mesura la petite bête : celle-ci n'atteignait, bien dure, que six centimètres. Six, le chiffre de la honte ! Au moment où la sublime actrice dit « oui » en même temps à cinq étalons blacks et qu'elle apparut à l'écran comme un steak dans une pub McDo serrée entre deux pains de seigle dont l'un passait par devant et l'autre par derrière, Stan gicla, remplissant quatre mouchoirs de sa semence libératrice ! Hélas, même au summum de la jouissance, il ne faisait encore que six, tandis que les chibres des cinq étalons semblaient cerner l'écran et lui atterrir directement dans l'œil gauche ! Quelques minutes plus tard, en mangeant son éclair au chocolat, l'adolescent se rendit à l'évidence : au repos, Popol ne faisait que trois centimètres ; à son maximum, il n'atteignait qu'un misérable six !

Au départ, Stanislas se rassura en se disant que, tout comme l'ensemble de son corps, son pénis connaîtrait une croissance importante, mais au fil des années, il dut faire un constat terrible : tandis que ses jambes, ses bras, ses poils poussaient, son caleçon restait désespérément quasiment vide. Au foot, il voyait le sexe de ses coéquipiers augmenter d'année en année, et à l'âge de treize ans commencèrent les premières moqueries : sous la douche, on l'appelait vulgairement « petiote », « passe-partout », « l'aiguille » ou « miniteub ». Sur le terrain, on se mit à le surnommer « P'tit Bouchon », et le samedi devint son jour-calvaire.

Après le match, il était la cible préférée de ses camarades. Il y avait désormais au sein de l'équipe deux souffre-douleurs : Raton (surnommé avec subtilité comme ceci car son père ressemblait prétendument à un rat et sa mère à un thon…) à cause de ses nombreux chtards, Stanislas à cause de son piètre braquemart. Meurtri, Stan arrêta le foot et devint un adolescent taciturne. En troisième, le jour des résultats du brevet, son ami d'enfance Sébastien lui proposa d'attendre les résultats chez lui tout en regardant une cassette porno cachée par son père en haut de l'armoire normande du salon. Stanislas se rendit chez son pote, mais au moment où une autre fille, d'un caractère similaire à celle dont il avait apprécié le sens du compromis un certain samedi soir, subissait les assauts de trois étalons d'âge mûr, Seb se tourna vers son meilleur ami et s'écria :

— Putain mon pote, tu triques ? Sérieux, putain, on dirait pas ! Putain mec, t'as pas d'veine toi avec ton truc !

Et il avait éclaté de rire… Stanislas revint chez lui, penaud, s'enferma dans sa chambre et prononça une phrase laconique qui se révéla prophétesse :

— Popol, mon pote, on est vraiment dans la merde !

Depuis ce jour, le pauvre Popol essuyait les insultes quasi quotidiennes d'un maître aigri qui ne supportait pas sa différence. Le pire était que Stan plaisait aux filles ! En boîte, il n'avait pas besoin d'aller vers elles. Il ne parlait pas beaucoup, mais elles pensaient toutes que sous ce silence se cachait un mystère incroyable, hors-norme… Vers quatre heures du matin, à la fin de la soirée, le Dom Juan repartait souvent de la discothèque aux bras de jeunes filles séduisantes, mais quand celles-ci découvraient Popol, leurs réactions divergeaient :

– Certaines se mettaient à rire ;

– Certaines se reculaient pour mieux voir et allumaient une cigarette ;

– Certaines écarquillaient les yeux ;

– Certaines se prenaient en selfie avec ;

– Certaines envoyaient l'image sur WhatsApp ;
– Certaines appelaient un Uber.

Les pires étaient peut-être celles qui restaient, qui s'échinaient à dresser ce zob minuscule et qui finissaient par faire semblant de jouir ! Certaines s'endormaient, certaines ronflaient, certaines programmaient leur réveil en disant à Stan :

— Quand t'auras fini, si mon portable ne sonne pas, tu me réveilleras. J'ai un brunch vegan à treize heures !

C'est ainsi que les deux ennemis vivaient, allant de déconvenue en déconvenue. Popol était comme un vilain petit canard rejeté par son père, le décevant sans cesse, et ne pouvant rien faire. Stan essaya toutes les techniques, acheta tous les produits miracles qu'on lui conseillait sur Internet, mais Popol ne grandissait pas. Il restait inexorablement cantonné au chiffre six…

Pourtant, le destin des deux malheureux bascula le 24 mars 2016, quinze jours après la disparition de Thierry Pinguet, ancien tourneur fraiseur chez Renault. Ce jour-là, comme tous les dimanches, Stanislas Borcardier, afin d'éponger les excès alcooliques de la veille, se mit à faire du sport. Après soixante minutes de vélo elliptique au cours desquelles il brûla près de neuf cents calories, il enchaîna avec des exercices de musculation. Il s'installa sur un banc et fit travailler ses biceps. Il réalisa une série de trente curls et s'arrêta quelques minutes pour souffler. Son short étant troué, il aperçut furtivement son pauvre Popol qui semblait gésir comme une nouille au milieu d'une assiette vide. Brusquement lui vint une idée complètement débile, comme seul peut en avoir un homme en train de penser au cours d'une séance de muscu : il voulut tester la force de son organe ! Il alla donc chercher ses anciens soldats de plomb, attacha l'un d'eux au bout d'une ficelle, et enroula celle-ci autour de son pénis tout en démarrant sur son PC une vidéo XXL. Popol, aussitôt, comprit que pour la première fois, son maître lui donnait l'occasion de se rattraper et de prouver sa valeur !! Il durcit, durcit, et souleva le soldat de plomb avec une facilité déconcertante !! Stan, intrigué, attacha un second soldat au bout de la ficelle… Popol tint bon ! Les soldats se succédèrent, la boîte entière y passa ; Popol maintenait le cap, droit dans ses bottes, il ne faiblissait pas ! Stanislas n'en croyait pas ses yeux : son boudin créole, tout comme le personnage de la publicité Pimousse, était certes « petit », mais il était extraordinairement « costaud » !

En faisant des recherches sur Internet, le jeune homme, persuadé que la nature lui avait offert un don qu'il se devait d'exploiter au maximum, apprit que se déroulait chaque année, en Norvège, le World International Cock Show, version pénienne du concours de l'homme le plus fort du monde. Entre les deux concours, peu de différences, même si les poids à soulever n'étaient pas les mêmes. Il y avait trois épreuves :

– La première, appelée « La charrette », consistait à faire rouler sur cinquante mètres un véhicule en bois dans lequel se trouvaient deux Américaines, clientes régulières de la chaîne de restauration *Burger King*, cent cinquante kilos chacune.

– La deuxième, appelée « Le Balancier », consistait à faire passer au-dessus d'une barre de trois mètres de haut une bûche de séquoia de cinquante kilos.

– Enfin, pour la dernière, la plus dure, l'épreuve reine dite « Les Trois Boules », il fallait lever trois sphères de cent kilos chacune et les jucher sur un rondin de bois mesurant un mètre soixante-dix, le tout en un temps record !

Stanislas, croyant dur comme fer au potentiel de son Popol devenu chéri, voulut s'inscrire au concours. Pour pouvoir aller en Norvège, il fallait passer par les championnats de France. Il se rendit donc à Montrou-les-Gracieuses, en Picardie, où il découvrit la grande communauté des teubs de force. Bien sûr, il y eut, au début, des moqueries sur le physique rabougri de ce concurrent hors-norme, mais quand Popol remporta le titre avec un score record de mille six cents points, dans les gradins, on ne riait plus ! On l'admirait ! Et quand *La Marseillaise* retentit,

Stanislas serra Popol dans sa main, fier et heureux ; le gland entouré d'une belle médaille d'or, ce dernier jubilait, enfin reconnu à sa juste valeur ! Dans les journaux, sur les plateaux de télévision, il n'était plus « P'tit Bouchon », « Passe-partout » ou « L'aiguille » : dorénavant, on l'appelait « Pimousse », « Le Dur », « Dick Rivers » ou encore « Big Pen » ! Edmond Valhubert, le célèbre journaliste du magazine *L'épine*, le surnomma : « Popol Schwarzy » ! Dorénavant, tous les jours, Stanislas entraînait son poulain et celui-ci devint en quelques mois semblable à l'ogre autrichien : une brute épaisse, Terminator, Conan le Barbare !!

Ils arrivèrent ainsi tous deux en Norvège, à Hemclaven plus précisément, en pleine confiance et auréolés du titre de champion de France. Le score obtenu par Popol à Montrou-les-Gracieuses faisait de lui, avec l'Américain « Monster Dick » et l'Italien « Cannelloni Sforza », le grandissime favori du concours ! Popol Schwarzy se mit au départ de la première épreuve… Alors que deux hommes l'attachaient à une corde dont l'autre bout était relié à une charrette en bois, il contempla le public en délire, les panneaux brandis par des supportrices énamourées sur lesquels il pouvait lire :

– Go Popol
– Come on Popol
– I love Popol
– King Popol
– Vamos Popol !

Et il repensa aux nombreuses femmes qui l'avaient rejeté en se moquant de lui. Sur le grand écran qui diffusait en boucle (afin de maintenir en forme les chibres en course) des films triple X, il aperçut l'actrice d'il y avait dix ans maintenant, celle du film de Canal+, un certain samedi soir… Stanislas avait sans doute fait ce choix pour titiller son orgueil de champion ! Au signal du départ de la première épreuve, motivé comme jamais, Popol banda ses muscles et la charrette atterrit dans les panneaux publicitaires ! De mémoire de spectateur, on n'avait jamais vu ça !! Les deux Américaines furent même expulsées du véhicule et terminèrent leur course en plein milieu d'un stand de hot-dogs, ce qui ne leur déplut pas ! Lors de la deuxième épreuve, « Le Balancier », la bûche sembla toucher les nuages ! Elle s'écrasa sur le béton en faisant un cratère qui fit hurler la foule. La troisième épreuve fut une formalité pour Popol Schwarzy : il disposa les trois boules sur leur socle avant que « Monster Dick » et « Cannelloni Sforza » ne disposent la première de leurs trois. Il fut donc sacré champion du monde avec un score de deux mille points et entra ainsi dans la légende de son sport !

Dès lors, il devint un produit marketing : il apparaissait dans des pubs pour préservatifs ou dans des clips vantant les bienfaits du *Viagra*. Les slogans le mettaient en valeur :

– *Avec Sildénafil, soyez aussi dur que Popol Schwarzy*

– *Préservatif Popol Schwarzy, ne laissez pas le latex vous gâcher la vie*

Stanislas et lui, tout comme Célestin Poivrier, le célèbre peintre scatophile, dormirent dans les plus beaux hôtels et furent accueillis partout avec de larges sourires et de monumentales croupettes. Les femmes que Stan ramenait tous les soirs ne se moquaient plus de lui, ne s'enfuyaient plus, mais jouissaient des heures durant, excitées par l'idée d'être lutinées par une star. À chaque fois qu'elles voyaient Popol, elles tombaient en pâmoison, comme des femmes d'âge mûr devant Brad Pitt, comme des femmes d'âge très très mûr devant Patrick Bruel, comme des femmes d'âge couche *Confiance* devant Franck Michael. Le matin, au réveil, alors qu'une, deux ou trois femmes dormaient encore dans le lit à baldaquin aux tentures pourpre et mauve, Stanislas endossait sa robe de chambre, se mettait sur le balcon, fumait sa clope, et sous lui, six mètres plus bas, une dizaine de fans l'interpellaient en criant : « Popol Schwarzy, Popol Schwarzy !! » Alors Stan ouvrait les pans de sa robe et la foule en délire acclamait le champion !

Malheureusement, comme tout météore qui passe dans le ciel, aussi éphémère que l'amour-passion entre deux êtres, cela ne dura pas. Popol Schwarzy monta très haut, peut-être trop haut, si bien que la chute fut d'une violence extrême ! Le succès obtenu, la vanité comblée, Stanislas Brocardier se mit à boire, à collectionner les conquêtes, et à délaisser le pénis qui lui avait servi de piédestal. Il ne s'entraînait plus et la dureté de Popol ne s'exerçait plus que dans les assauts répétés infligés à la gent féminine. Pour donner le change, Stan se mit à ingurgiter des produits dangereux : des protéines, de la créatine, de la béta-alanine, de la citrulline, de la tyrosine, de la glycérine, de la naphtaline, et même de la purée mousseline ! Certes, Popol gonflait, mais tout cela n'était que du flanc ! De jour en jour, sa force diminuait. Il perdit son titre de champion de France, mais Stanislas, nullement inquiet, persista dans la mauvaise direction. Il continua à se gaver de gélules sans reprendre le chemin de la salle de sport. Popol le supplia plusieurs fois d'arrêter ces excès qui les plongeaient tous deux dans l'échec, mais son maître ne voulut rien savoir. Les fêtes et les bouteilles s'enchaînaient si bien que le 24 mai 2018, ce qui devait arriver arriva : la pine prodige perdit son titre de champion du monde ! Le Chinois « Strong Nem » triompha devant le Japonais « Big Sushi ». Popol, quant à lui, termina lamentablement dernier du concours… Si le jour fut terrible, le soir fut tragique : Stanislas ramena une fille à l'hôtel, mais Popol, devenu aussi bouffi que Jack la Motta à la fin de *Raging Bull*, aussi gonflé que Gérard Larcher après un restau entre sénateurs, fut incapable de durcir. La fille reprit ses talons et s'enfuit en courant. Stan, ulcéré, recommença alors à maudire son pauvre zob :

Bon à rien
Connard
Salaud
Abruti
Minable
Vieux gland

Bâtard
Nabot
Vaurien
Raclure

Complètement soûl, devenu fou, le jeune homme attrapa un couteau de cuisine et le pauvre Popol Schwarzy, sans autre forme de procès, fut condamné à la guillotine. Il tomba sur le sol, sans vie. Mais Stanislas Brocardier ne s'arrêta pas là ! L'entrejambe ensanglanté, il s'avança en titubant vers le balcon et se laissa tomber dans le vide. Une heure plus tard, la police pénétra dans la chambre d'hôtel. On recouvrit Popol Schwarzy d'un linceul blanc et il eut droit à des obsèques de star…

Cependant, l'histoire de ce héros des temps modernes ne s'arrête pas là… En effet, quelques mois après son décès, sa célèbre dépouille fut mise aux enchères. Bartolomé Nissbard, un riche banquier fan de la première heure, l'acheta à prix d'or. Il installa l'ancienne gloire au-dessus de son lit, au milieu de sa riche demeure de Beverly Hills, dans un cadre serti de diamants… Aujourd'hui, privilège rare, il arrive quelquefois que le Mécène reçoive des invités prestigieux à qui il fait visiter son palace. Au deuxième étage, il leur montre son trésor qui repose dorénavant en paix au paradis des organes génitaux. En bas du cadre, en lettres calligraphiques, les convives ébahis peuvent lire le nom de la légende, « Popol Schwarzy », suivi d'une phrase en forme d'épitaphe :

« I'll be back »

Cœurs à prendre

Le matin du 6 octobre 2019, après une soirée chargée de bières franco-belges et de cigarettes marocco-françaises, Gégertrude Cazares se leva avec la ferme intention de se remettre au sport. Elle prit donc une douche froide qui raviva son corps somnolent et enfila un tee-shirt ainsi qu'un short rose bonbon. Dans la glace de sa salle de bains, elle se regarda avec défi et poussa un cri à la manière d'un joueur de rugby All Blacks devant un adversaire transi de peur. Motivée, elle galopa jusqu'à la cuisine, ouvrit le frigo, se saisit d'une 86 qu'elle avala cul sec et chopa sur la table du salon le restant du pétard qu'elle n'avait pas fini la vieille. Après une autre binouze et un autre joint, elle se sentit d'attaque. Allongée sur son tapis de gym, elle commença par une série de cinq abdominaux. Au bout du deuxième mouvement et après avoir tiré en même temps quelques taffes sur une cigarette *Gauloise* posée au bord du tapis, elle s'arrêta, complètement essoufflée. Mais la jeune fille ne se découragea pas et enchaîna sur une série de pompes corses, pompes effectuées à l'envers, en maintenant les jambes au sol et en poussant les bras vers le ciel.

Cet entraînement peut sembler risible à un sportif accompli. Pourtant, il représentait pour la jeune fille un effort démesuré. En effet, cela faisait plus de trois mois que Gégertrude avait basculé dans la dépression, et cette soudaine volonté signifiait l'évanouissement de celle-ci. Née dans une famille de cirque, la célèbre dynastie des Cazares, elle avait été un soleil avant de devenir une ombre. Au milieu de ses trois sœurs, la petite Nanie, comme on l'avait surnommée, rayonnait de toutes les couleurs de l'arc-en-ciel. Certes, ses trois autres sœurs étaient aussi belles que les filles chantées par Claude François, mais

Nanie, elle, en plus, disposait d'un sourire qui enchantait le monde tout comme un croissant de lune éclaire une nuit obscure. Toujours enthousiaste, toujours généreuse et perpétuellement attentionnée, elle aurait pu être la petite sœur de Jésus-Christ et la fille adoptive de Sœur Emmanuelle ! Toute petite, alors que ses trois sœurs et ses parents s'exerçaient à leur art sous le chapiteau blanc et rouge, elle s'occupait de nourrir les animaux et, chose incroyable, elle arrivait à les distraire de leur existence de morne misère. Une fois, un vendredi après-midi de décembre où le gris du ciel n'en finissait pas de distribuer ses pluies-*Prozac,* elle réussit par ses grimaces à faire rire Jean-Marcel Tire-Gueule, un vieux chameau qui n'avait pas ri depuis l'élection de François Hollande à la présidence de la République française. C'est donc tout naturellement qu'elle endossa à seize ans le costume de clown à la place d'un grand-père Cazares devenu trop âgé pour l'exercice.

OVNI parmi la galaxie des cirques de France, la famille Cazares attirait cependant les foules par ses numéros improbables et les rebondissements que chacune de ses représentations occasionnait. Le père tout d'abord, José, était un lanceur de couteaux alcoolique à l'œil vitreux dont les projectiles n'atteignaient que très très rarement leur cible. Il avait d'ailleurs connu sa femme Josette au cours d'un numéro raté qui fut à l'origine de leur amour. Un soir, alors que José avait un peu trop forcé sur l'apéro d'avant chapiteau et que sa partenaire avait refusé de se soumettre à l'épreuve, il avait choisi dans le public une victime innocente qui prit ses claudications d'arsouille pour des facéties de funambule. José installa Josette devant le mur rouge des confédérés et commença l'exécution. Il mit sa partenaire en joue et tituba quelques secondes, ferma l'œil gauche puis l'œil droit, puis rouvrit l'œil gauche et l'œil droit avant de refermer l'œil gauche, se passa la main sur le front et tituba de nouveau. Un vent de panique s'empara de la foule : il était évident que Jo l'Opinel, comme on le surnommait, avait du mal à tenir debout. Dès le premier lancer, ce fut une catastrophe : le projectile arriva tout droit dans la prunelle gauche de la pauvre fille et celle-ci se mit à hurler de douleur. Comme il voyait flou et pensait avoir touché le mur, José s'empara d'un autre couteau et s'apprêtait à transformer Josette en consœur de Gilbert Montagné. Heureusement, trois spectateurs courageux firent irruption dans l'arène et emportèrent l'artiste dans sa caravane où il cuva son alambic jusqu'au lendemain matin. Réveillé à dix heures, sans souvenir, quand sa mère lui apprit qu'il avait blessé sa partenaire et que la pauvre fille avait été emmenée à l'hôpital le plus proche, José, contrit, acheta des fleurs et resta pendant une semaine au chevet de la pauvre fée Crochette. Un an plus tard, ils s'étaient mariés et Josette avait accepté de devenir l'acolyte officiel de son mari, mais à deux conditions : qu'il cesse de boire et qu'il remplace les couteaux par des fléchettes en mousse. Depuis, et même si certains soirs le corps de Josette ressemblait à la silhouette d'un patient sous acupuncture, les deux pirates filaient le parfait amour. À l'excentricité du père se mêlaient celles de ses filles. Le cirque Cazares proposait ainsi à tous son programme insolite : Nina, l'aînée, avait réussi à domestiquer quatre girafes et elle incitait tous les enfants du public à lancer autour de leurs cous des cerceaux multicolores. Elle faisait à chaque fois un tabac et ses animaux repartaient avec de larges colliers d'un mètre cinquante de long. Nana, la cadette, s'était lancée dans l'art difficile du dressage d'ours en peluche. Son numéro avait au moins le mérite de ne présenter aucun danger et d'assurer à la famille des économies en termes d'entretien alimentaire. Plus risqué était le numéro inventé par Ninon, la seconde cadette, spectacle intitulé le *Donald Trompe Show* et qui tentait de mélanger la dextérité des éléphants et la grâce des canards. Pleine d'espoir, la jeune fille essayait désespérément des acrobaties qui finissaient par transformer les cols-verts en nuggets : slalom de pachydermes entre des canes immobiles, numéro de canards boiteux entre quatre énormes pattes, canetons descendant d'une trompe-toboggan à l'atterrissage *Germanwings*... Cependant, même si ces numéros étranges titillaient la curiosité de quelques spectateurs, ces derniers venaient en partie pour les facéties de Nanie, un clown irrésistible qui les faisait mourir de rire. En effet, depuis que la benjamine avait pris la place de son papy, les gradins du cirque ne désemplissaient pas. Le problème était que ce succès reposait sur un malentendu : le public pensait que Gégertrude imitait à la perfection la maladresse, alors que l'artiste finissait après chaque numéro aux urgences de l'hôpital le plus proche. Certes, elle faisait rire, mais au détriment de son corps : quand elle arrivait par exemple sur scène en se prenant les pieds dans un cerceau que Nina avait laissé traîner et en se vautrant lamentablement sur le sable, les spectateurs, hilares, pensaient à un premier gag d'enfer. Il n'en était rien, Nanie ne l'avait pas fait exprès et débutait son numéro par une entorse de la cheville, qui lui donnait pendant toute la représentation un air chaloupé d'albatros en perdition. Quand elle se prenait en pleine figure le trapèze laissé par sa cousine Nénette en se relevant, le public s'esclaffait et trouvait ce nouveau gag plus tordant que le deuxième. Mais une bosse violette apparaissait sur le front de Gégertrude qu'elle devait après coup soigner à grandes rasades d'arnica. Ainsi, pendant dix ans, la pauvre fille enchaîna les ovations et les blessures, de la barre de fer du chapiteau tombant d'on ne sait où et lui retombant sur le crâne, à la girafe rebelle qui l'attrape par le col et la fait retomber du troisième étage directement sur les fesses. Au bout d'un moment, craignant pour sa vie, ses parents et ses sœurs lui conseillèrent d'arrêter sa carrière et on lui aménagea devant le chapiteau un stand de barbe à papa pour qu'elle puisse participer à la fête. Hélas, sa maladresse n'avait pas de limite : une nuit, alors qu'elle regardait le spectacle de Ninon sans faire attention à ce qu'elle faisait, son annulaire et son index furent emportés par la spirale chauffante et la pauvre Nanie se retrouva avec une main droite-Benzema. C'est après cet épisode fâcheux qu'elle était tombée en dépression…

Au cours de sa convalescence, elle avait entamé une psychothérapie avec un psy de renom, le docteur Chabal, un tout petit chauve rabougri au physique de déménageur maison-*Polly Pocket,* et s'était aperçue, en creusant dans les tréfonds de ses entrailles, que sa maladresse était due à un travail sensoriel actif, produit de la rencontre d'une passivité originaire coïncidente de l'actif du désir de substituer à l'ipséité du rapport maternel le surmoi phylogénétique paternel dans une volonté d'introspection du corps indifférencié et dans une appropriation chtonienne du ça du moi, et du ceci cela… En d'autres termes, Gégertrude était trop pleine d'amour, ce trop-plein la fatiguait, et cette fatigue perpétuelle provoquait son inattention, donc sa maladresse. Depuis toute petite, en effet, elle s'abandonnait tout entière aux autres ; depuis toute petite, elle se lançait dans des histoires passionnées qui, lorsqu'elles commençaient, pompaient son énergie, et lorsqu'elles se terminaient, la laissaient exsangue, groggy, sans force. Enfant, son désir était obsessionnel et se tournait vers les animaux : elle avait ainsi eu une grande histoire d'amour avec Pierre-François le Canard, une autre avec Jean-Gustave, l'épagneul de son père. Adolescente, ses désirs s'étaient multipliés et se fragmentaient en de multiples coups de foudre qui mettaient ses nerfs à rude épreuve, l'empêchant de dormir et provoquant une fatigue quotidienne dont elle ne pouvait se débarrasser. Perpétuellement balancée de droite à gauche sur le pont d'un bateau, soumise aux voix de nombreuses sirènes mâles qui suscitaient en elle d'incessants haut-le-cœur, la vie de Gégertrude était devenue un purgatoire, un enfer, une sorte de journée de formation-*PowerPoint* les yeux rivés à un écran projetant des graphiques. Elle errait dans les travées du cirque la tête remplie de flashs sentimentaux. Dans le public, elle trouvait chaque soir un bel homme qui l'emmènerait à dos de licorne au bout du monde sur une île déserte où ils vivraient d'amour, d'eau fraîche et de sexe brûlant. L'AMOUR L'AMOUR, L'AMOUR, tel était ce mal qui la rongeait et qui transformait sa réalité en rêve et son rêve en étourderie, tout comme Thalès contemplant les astres et tombant dans un puits…

Mais ce jour-là, le mercredi 6 octobre, Gégertrude était bien décidée à reprendre sa vie en main ! Après sa série de pompes, elle s'enfila une autre 86 suivie d'une autre cigarette et entreprit d'exécuter des burpees. N'est pas Tibo InShape qui veut… Aussi, après trois mouvements, la jeune fille s'écroula sur le sol, incapable de se relever. En nage, essoufflée, quasiment à l'agonie, elle effectua pourtant des gestes qui changèrent à tout jamais son destin, exactement comme Stanislas Brocardier qui découvrit lors d'une séance de musculation les pouvoirs incroyables de Popol Schwarzy ! Nanie commença par se retourner et contempla le plafond de son salon en crachant ses poumons encrassés par le tabac. Puis, inquiète, elle posa l'annulaire qu'il lui restait sur son cœur : celui-ci battait à tout rompre ! Mais alors qu'elle aurait dû s'arrêter là, elle eut l'intuition que quelque chose clochait. En effet, elle avait senti en tâtant son pouls que d'autres battements résonnaient dans son corps. Elle eut l'idée de poser son annulaire sur d'autres surfaces et resta stupéfaite : elle sentait des battements sur son avant-bras gauche, dans sa cuisse droite, derrière son tibia gauche, derrière son genou droit, enfin sur le coin de sa fesse gauche. Elle n'y croyait pas : était-ce possible qu'elle dispose en elle de six cœurs battant à l'unisson ? Cela aurait expliqué ses nombreux épanchements, ses dizaines de coups de foudre et ses multiples peines d'amour. Tout venait peut-être de là ! Aussitôt, Gégertrude mit un terme à son entraînement intensif et frappa à la porte de tous les généralistes de Sainte-Paluche-en-Perche, la commune où elle résidait. Longtemps itinérante, elle n'avait pas de médecin traitant et dut attendre la fin de l'après-midi pour obtenir un rendez-vous. Quand elle expliqua ce qu'elle avait découvert, le praticien pensa qu'il avait hérité d'une folle en permission-HP. Il prit tout de même son stéthoscope et se mit à explorer le corps de Gégertrude. Au bout de quelques minutes, tous les médecins de la maison médicale, ostéopathe et orthodontiste compris, étaient dans le cabinet du docteur Petit, les yeux écarquillés, penchés sur la silhouette de la jeune fille qui n'avait jamais eu autant d'hommes à ses pieds. Une file d'attente se forma, chaque médecin voulant découvrir le phénomène par lui-même. Cela ressemblait à un colloque d'experts :

— Hum… Oui, derrière le tibia gauche, oui oui, je sens quelque chose, indiqua le docteur Lambert.

— Et moi, oui, je sens des battements au niveau du genou droit, murmura le docteur Charbonneau.

— Et moi au niveau de l'avant-bras gauche, susurra le docteur Istoc.

— Au niveau de la cuisse droite, moi aussi, je perçois un pouls, enchaîna le docteur Aubré.

— Incroyable ! s'écria le docteur Scanviou. J'en sens un au niveau de la fesse gauche !

Et tous, ils s'esbaudissaient sur le corps de Gégertrude, et tous, ils l'abreuvaient de questions auxquelles elle répondait avec innocence :

— Mais vous ne vous en êtes jamais aperçu auparavant ?

— Ben non, chez nous, les forains, on ne va pas beaucoup chez le médecin…

— Mais à votre naissance, personne n'a remarqué cette particularité ?

— Oh, vous savez, je suis née dans la baignoire de Tata Mirma, on m'a pas vraiment auscultée quand je suis sortie…

— Mais n'avez-vous jamais senti quelque chose qui clochait, par exemple en faisant du sport ?

— Oh, vous savez, dans la famille, on n'est pas vraiment des sportifs. Moi je faisais pas de sport, je m'occupais des animaux et je faisais le clown…

Après toute une soirée d'inspection, les médecins de la maison médicale conclurent que Gégertrude Cazares possédait six cœurs, mais, chose encore plus incroyable, que tous ses cœurs ne battaient pas à l'unisson, mais selon leur propre rythme, à intervalles irréguliers, exactement comme six horloges qu'on aurait réglées à des heures différentes ! En sortant du cabinet, la jeune fille avait enfin trouvé une réponse à toutes ses questions, la cause de toutes ses angoisses… Enfin, elle savait pourquoi en troisième elle avait aimé et galoché successivement Patrick, Richard, Sylvain, Daniel, Raymond et Olivier, pourquoi de vingt à vingt-huit ans elle avait trompé Jean-Eudes avec Pierre-Marcel, Bernard-Marie avec Jacques-André, Simon-Pierre avec Jacques-Denis, Marc-Mathieu avec Jean-Luc, et Jean-Mathieu avec Luc-André ! Pourquoi toutes ses histoires de cœur s'entrechoquaient en elle comme des particules dans l'accélérateur de l'INSERM ! Pourquoi elle traversait le fil de son existence comme un funambule, multipliant les nuits sans sommeil et les chialites-Déluge, pourquoi elle pleurait puis souriait puis pleurait puis souriait en d'infinies montagnes russes émotionnelles ! Il se passait en elle des mouvements contradictoires : tandis que le cœur de son genou droit battait la chamade pour un homme entrevu dans la rue, celui de sa fesse gauche s'amollissait pour signifier qu'elle n'aimait plus l'homme qu'elle avait rencontré dans la salle d'attente de son psy ; et tandis que le cœur de son tibia gauche s'enflammait pour un beau gosse croisé à la médiathèque de Conches-sur-Nouche prénommé Nairolf, celui de son avant-bras gauche se passionnait, lui, pour un bibliothécaire fan de Camus qui se nommait Nialoup. Et tout cela lui provoquait une fatigue indicible…

Quand elle se réveilla le lendemain et qu'elle voulut sortir les poubelles, Gégertrude Cazares tomba sur une nuée de journalistes qui voulurent tous recueillir ses premières impressions. L'un des médecins présents au cabinet de Sainte-Paluche-en-Perche s'était confié sur les réseaux sociaux… Aussitôt, Nanie devint une bête de foire semblable aux animaux dont elle s'occupait étant petite. La toile s'enflamma et les torchons brûlaient sur les lèvres de tous les habitants de la région conchoise. Dans les bistrots, on s'échangeait les blagues :

— La Gégertrude, elle a six cœurs, eh ben moi c'est pareil, j'ai six braquemarts, s'exclama le raffiné Gérard au comptoir du PMU *Le Galopin*, dont un sur la fesse gauche !

— Eh ben si elle en a un au niveau de la fesse gauche, lui répondit Daniel en poète averti, j'voudrais ben la croiser et j'lui mettrais la main au panier, comme ça si la p'tite veut m'foutre une gifle, j'lui dirai qu'j'ai voulu toucher son cœur !

Ces plaisanteries de la France souterraine n'atteignaient pas la qualité des idées qui se formulaient dans les antichambres de Conches-sur-Nouche, capitale et ville de lumières où les penseurs de tous bords s'écharpaient sur des controverses existentielles. À la télévision, dans l'émission de la présentatrice Cyprine Ananas intitulée *Des hauts et débats,* le philosophe Lenny Latarte et le professeur Ragout soulevèrent les vraies questions :

1) Si un des cœurs de Gégertrude s'arrêtait, qu'en serait-il de sa vie ? Ses autres cœurs assureraient-ils les fonctions vitales ?

2) La jeune fille pourrait-elle donner un, voire plusieurs cœurs à la science ? Quel est le cœur « matrice » ? Possède-t-elle des cœurs de moindre importance ?

3) Ses multiples cœurs sont-ils reliés par des vaisseaux communs ? Existe-t-il un mécanisme commun à tous ses cœurs ? Quel mécanisme ? Comment fonctionne-t-il ?

4) De par sa constitution physique, est-elle condamnée au polyamour ? Est-ce que pour elle, tromper c'est tromper si tous ses cœurs ne battent pas au même rythme ? Que représente la fidélité pour ce genre de personnes ? Est-elle pansexuelle ? Polysexuelle ? Skoliosexuelle ? Queer-platonique ? Binaire non binaire ? Demisexuelle ? Panromantique ? Est-ce que tous ses cœurs la dirigent vers une même orientation ou fonctionnent-ils

tous de manière différente ? Possède-t-elle plusieurs identités désirantes ?

5) Si les théologiens disent que le cœur est le siège de l'âme, mademoiselle Cazares a-t-elle plusieurs âmes ? Et qu'en sera-t-il pour sa mort ? Qu'en sera-t-il pour la migration de ses possibles multiples âmes ? Pourrait-elle se réincarner en six créatures selon le nombre de ses cœurs ?

Pour connaître les réponses à toutes ces questions, une équipe de chercheurs fut constituée par l'État conchois et Gégertrude fut internée pendant trois mois dans les locaux de l'hôpital *Cruchin*. Le cobaye fut soumis à une batterie de tests. La jeune fille n'était plus qu'une pieuvre gélatineuse dont les fils-tentacules étaient reliés à des machines semblables au tableau de bord d'un Airbus A320. Toute la journée, toute la nuit, des boutons clignotaient et Nanie n'avait jamais été aussi fatiguée. Dans cette atmosphère de morgue scientifique, elle dépérissait à vue d'œil, mais les nombreux médecins qui se succédaient à son chevet ne se préoccupaient pas de sa santé, ils lorgnaient seulement du côté de la gloire et des publications savantes. Tous ses cœurs étaient en berne, des bambins enfermés dans des couveuses en verre…

Son instinct de survie se réveilla un dimanche où une troupe de clowns vint divertir les patients de l'hôpital. Au contact de ces artistes, elle retrouva le goût de vivre et la volonté de sortir de cet enfer. Subtilisant en douce la trousse de maquillage qu'un des clowns avait laissé traîner et utilisant celle-ci pour se confectionner un visage-Pierrot, elle réussit à s'enfuir et se retrouva dans la rue, seulement vêtue d'une chemise blanche à petits pois bleus. Épuisée, elle s'arrêta dans un parc et s'assit sur un banc. Devant elle défilèrent en accéléré les images de ces jours vécus dans l'apathie et l'esclavage. Elle se souvint du cirque Cazares et des animaux qu'elle nourrissait enfant, à l'époque où l'innocence se mêlait à la joie. Alors que des larmes sèches coulaient le long de ses joues creuses, Nanie aperçut un pigeon qui gigotait tout près de son pied gauche. Étrangement, l'oiseau tenait dans son bec une carte mystérieuse dont elle ne voyait que le verso. Lorsque, par curiosité, elle s'empara de l'objet et le retourna, elle entendit une voix qui lui semblait venir d'outre-tombe :

— On dit que cette carte annonce une belle rencontre, l'arrivée d'un bonheur auquel on ne s'attend pas…

Quand Gégertrude releva la tête, elle aperçut un des clowns présents ce jour-là à l'hôpital. Elle ne le savait pas encore, mais c'était le jeune homme à qui elle avait subtilisé la trousse de maquillage… Celui-ci, en la voyant dans son lit médicalisé si désemparée et si belle, avait eu un coup de foudre et l'avait suivie jusqu'au parc. Clown-magicien, il se faisait appeler Thélius Monk et conservait dans ses prunelles brillantes les pleurs qu'il se retenait de verser. Aussitôt, Nanie tomba amoureuse de lui, et par une magie dont seul le grand Amour est capable, miracle des mirages, à cet instant, tous ses cœurs se mirent à battre à l'unisson… Ses yeux embués se portèrent sur la carte que le jeune homme avait placée dans le bec du pigeon… C'était un 6 de cœur !

Une famille formidable

En septembre 2002, après avoir obtenu mon bac, je m'inscrivis en première année de licence de philosophie à l'Université de Caen. Seul dans mon appart, je me sentais enfin libre ! En plus, j'avais la confiance de mes parents ! Ils m'imaginaient déjà en prof agrégé, intello faisant reluire avec son essuie à lunettes doré les murs en inox de l'ascenseur social ! Et moi, fils d'ouvriers, futur maître de conférences à la fac, je rêvais de faire cours à des étudiantes plutôt bonasses avec qui j'aurais fait l'amour en citant Nietzsche pendant les préliminaires et Descartes au dernier acte.

C'est donc la tête remplie de songes érotico-philosophiques que je me rendis pour la première fois à l'Université. Arrivé devant le panneau consacré au département de philosophie, je lus un mot qui nous expliquait qu'en raison d'un problème d'organisation, la rentrée était reportée d'une semaine. Nous étions le lundi 25 septembre et finalement, notre premier cours allait avoir lieu le 2 octobre ! Le pied monumental ! Pour commencer l'année, une semaine de glande intégrale !! Sur ma droite, il y avait un grand mec aux longs cheveux bouclés, un type à la cool et, sur ma gauche, une grande nana qui portait des lunettes et dont le visage acnéique ressemblait à une tablette de *Crunch* aux noisettes. Le grand mec s'appelait Cyprien, la grande nana Jennifer. Il était dix heures trente et nous étions tous les trois d'accord sur le programme à suivre pendant cette semaine. Premièrement : commencer la lecture des œuvres au programme. Deuxièmement : commencer la lecture des commentaires sur les œuvres au programme. Troisièmement : commencer la lecture des commentaires sur les commentaires (par nos éminents professeurs créatifs) des œuvres au programme. Quatrièmement : se poser dans un bar et faire connaissance autour de quelques bières…

Nous descendîmes donc la rue et nous nous installâmes au très original *Bar de L'Université,* qui devint un de nos QG (mais quel bar à Caen, ces années-là, ne fut pas notre QG ?). Aussitôt, Cyprien et Jennifer devinrent mes meilleurs amis. Nous étions toujours ensemble, nous partagions les mêmes délires et surtout, surtout, nous détestions les putains de connards de philosophes de mes couilles qui prenaient la philosophie au sérieux ! Le matin, notre programme était simple : nous nous levions pour aller en cours, nous nous arrêtions devant la porte, nous nous interrogions du regard, et il y en avait toujours un ou une pour prononcer la question existentielle fatidique : « To beer or not to beer ? » Nous ne disions que très rarement « non »…

Les gens qui font philo sont souvent catalogués comme étant des personnes bizarres : notre promo n'échappait pas aux préjugés. C'était une cour des miracles au milieu de laquelle gambadaient des personnalités étranges, mais de toutes celles-ci, j'étais certain d'avoir tiré le gros lot ! En effet, Cyprien et Jennifer étaient deux fous magiques avec lesquels on s'éclatait vraiment. Cyp, notamment, avait un gros problème avec le système scolaire. C'était un mec qui s'était inscrit en philosophie alors qu'il ne tenait pas en place et qu'il était incapable de se concentrer plus de deux heures, si bien que lorsqu'on sortait à midi d'un cours sur la *Critique de la Raison Pure* de Kant ou sur *La Phénoménologie de l'esprit* (essayez de prononcer ce titre en étant bourré) de Merleau-Ponty, il pétait littéralement un câble. Dans la rue qui descendait vers le *Bar de L'Université*, retrouvant ses instincts archaïques, il se mettait soudain à sauter partout, à grimper dans les arbres en poussant des hurlements de singe ! Il lui arrivait aussi fréquemment de faire l'amour à des poubelles, ce qui surprenait quelque peu les bourgeoises fardées apportant leurs déchets ménagers et qui n'avaient jamais vu un homme prendre en levrette un vide-ordures ! Je me rappelle encore aujourd'hui le visage d'une vieille dame, le jour où Cyp, comme possédé, après un cours sur la logique des prédicats axiomatiques de Friedrich Ludwig Gottlob Frege, s'installa au milieu d'une poubelle au couvercle jaune et commença à mimer un accouplement sauvage en mode hélicoptère. La vieille dame s'était arrêtée, l'avait regardé et m'avait demandé, horrifiée :

— Mais qu'est-ce qu'il a ?

J'avais été obligé de lui répondre :

— C'est rien, Madame, c'est la logique des prédicats axiomatiques, ça lui fait un drôle d'effet !

Pendant ce temps-là, Jennifer riait aux éclats en tenant toujours son éternelle roulée au bout de ses longs doigts. Cette grande fille vêtue en permanence d'un poncho violet nous accompagnait dans chacun de nos délires : c'était elle qui était chargée de prendre nos affaires et de nous les rendre lorsque nous décidions de traverser une rue, un quartier, un restaurant ou une salle de cinéma à poil. C'était elle qui nous avait soutenus lorsque nous avions décidé, avec quelques camarades de philo, pour faire la promotion de notre matière, d'interrompre en tenue d'Adam un cours de sociologie en amphi, en nous trimballant avec des masques de nos philosophes préférés et des pagnes blancs sur lesquels figuraient leurs noms au feutre noir. Jennifer (que nous avions renommée Jenifion avec une suprême élégance) n'était jamais choquée par nos folies. Au contraire, elle nous encourageait. Il faut dire que notre amie en avait vu d'autres, et cela, je m'en rendis compte en faisant la connaissance de sa famille !

Le premier aperçu que j'eus de celle-ci fut quelques mois après le début de notre amitié. C'était en juin, et nous terminions l'année comme nous l'avions commencée, à la terrasse d'un bar, sirotant une bière. Aux alentours de dix-sept heures, Jennifer nous avertit qu'elle retournait chez elle, car elle devait recevoir la visite de sa grand-mère et de son oncle. Elle nous avait déjà un peu parlé de sa mamie en nous disant que celle-ci était une sorte de sorcière dotée de pouvoirs magiques. Apparemment, la vieille gagnait un peu d'argent en prédisant l'avenir à des voisines conscrites et en lançant quelques formules à des grabataires désespérées. J'avais vraiment envie de rencontrer cette magicienne ! J'accompagnai Jenifion chez elle, et, au bout de quelques minutes d'attente, j'aperçus par la fenêtre ouverte une petite mamie qui semblait inoffensive, vraiment toute menue, avec un impair mauve, que soutenait un homme trapu à la stature de gorille et qui portait d'épaisses lunettes. L'oncle de Jenifion était non voyant, alors la vieille était en quelque sorte son labrador. Ils s'assirent sur le lit (Jennifer louait une chambre à un couple de vieux) et nous eûmes une conversation complètement normale. Je commençai à me dire que la vieille dame qui était devant moi n'avait rien de spécial, mais, à un moment donné, Jenifion sortit de la pièce pour aller préparer le café. Elle louait avec deux Chinoises le premier étage de la maison. Il y avait trois chambres, une salle de bains, des toilettes et une cuisine. Aussitôt, la vieille dame ordonna à son fiston de fermer la porte, ce qu'il fit en tâtonnant plusieurs fois les murs. Tout d'un coup, la mémé, les yeux exorbités, se mit à répéter des incantations bizarres, et à la fin de son discours, elle empoigna le chat de mon amie qui était en train de laper peinard son lait dans un bol et le jeta par la fenêtre en me lançant :

— C'est le diable, mon garçon, je sens que c'est le diable qui nous écoute !

Aussitôt, son fils-gorille se mit à trembler comme un épileptique et la mamie-Baba Yaga lui appliqua ses deux mains sur le front en lui murmurant :

— Il est parti, mon fils, il est parti !

Je me précipitai à la fenêtre, et je m'attendais à voir le cadavre du pauvre Fisty sur le gravier, mais il était miraculeusement retombé sur ses pattes. Le pauvre chaton ne bougeait pas, il devait être sacrément secoué ! Je me retournai et la vieille me lança, prophétesse :

— Tu veux rejoindre le diable, mon garçon. Tu es attiré par lui !

À ce moment-là, Jennifer entra. Elle ne se rendit même pas compte de l'absence de son chat. Pendant l'heure suivante, sa grand-mère n'arrêtait pas de me regarder avec un sourire-Cruella.

Quelques semaines plus tard, au mois de juillet, Jennifer m'invita à passer un week-end chez elle, à Évreux. Comme je ne savais pas du tout où elle habitait, et qu'à l'époque, je n'avais pas de GPS, il était convenu qu'on se retrouve sur le parking d'*Intermarché*. J'étais plutôt impatient de connaître ses parents, même si elle m'avait dit que son père était « sympa mais un peu spécial »… Arrivé sur le parking, j'appelai mon amie, et cinq minutes plus tard, alors que je m'attendais à la voir débarquer en voiture, je vis une camionnette blanche prendre à fond le rond-point et débarquer comme une F1 Lewis Hamilton sur le parking ! La camionnette s'arrêta à quelques mètres de moi, la portière s'ouvrit… et je vis Brice de Nice sortir du véhicule et me lancer : « Salut toi, ça farte ? » en rejetant sa tête en arrière comme un surfeur hyper classe. En fait, j'avais devant moi Jean Dujardin, mais un Jean Dujardin qui aurait bouffé pendant vingt ans des hamburgers XXL sauce mayonnaise, avec des frites arrosées d'une sauce Camembert-Leerdammer ! Ce Brice de Nice était également super velu et des broussailles de poils noirs dépassaient de son tee-shirt taille XS… Frédéric Carlet, le père de Jenifion, se tenait devant moi dans toute sa splendeur : une perruque couleur paille, un tee-shirt d'ado, un short équipe de foot des années 60, époque Saint-Étienne, claquettes noires et chaussettes de sport blanches, le tout enrobé d'un physique Gipsy King : on aurait dit Paco Manolo, le surfeur gitan auréolé d'une perruque blonde qui lui allait comme les lèvres collagènes vont à Emmanuelle Béart ! Jennifer sortit de la camionnette, hilare, et son paternel cria :

— T'as vu mec, c'est vachement ressemblant, hein ?

Ensuite, j'eus l'immense privilège de faire les courses à l'*Intermarché* d'Évreux en compagnie de Brice de Nice. Bizarrement, aucun fan ne s'arrêta pour obtenir une dédicace de ce sosie hors pair !

Arrivés chez mon amie, nous nous installâmes à table. Sa mère était aux petits soins avec moi et je posai pas mal de questions à Brice, histoire de connaître sa vie et surtout de savoir si la vague était bonne à Évreux. Le frère trisomique de Jennifer me regardait avec des yeux étranges. À un moment donné, je sentis derrière moi une odeur bizarre, je me retournai : Gaby, c'était le prénom du frangin, était en train de me cramer les cheveux avec un briquet. Sa mère lui ôta rapidement l'objet des mains, tout en essayant de me rassurer :

— C'est rien, t'inquiète pas ! Il fait ça des fois, il a un problème avec les cheveux, il aime bien les brûler !

À l'époque, j'avais les tifs assez longs, je passai donc tout le repas à maudire ma chevelure et à regretter de ne pas être chauve, car le frère pyro avait régulièrement des rechutes et il fallut lui retirer le briquet au moins trois ou quatre fois. Au dessert, un peu bourré mais encore parfaitement lucide, je pris la décision de partir dès le lendemain matin, en prétextant un match de foot ou un repas de famille, enfin n'importe quoi qui pourrait me sortir de cette maison de fous. Le père m'offrit beaucoup de digestifs, je différai à chaque fois mon annonce. Et puis finalement, je me lançai :

— Bon, Jennifer, faut que je t'dise, j'vais pas pouvoir rester demain, j'ai l'anniversaire de ma tante le midi, en plus tu comprends c'est ma marraine, excuse-moi, j'avais complètement zappé, tu vois, c'est…

Je n'eus pas le temps de finir ma phrase… Brusquement, son père s'empara du couteau à fromage qui était resté sur la table et hurla :

— C'est pas possible, ah non c'est mort, tu vas pas partir, t'as intérêt à rester !!

Il brandit le couteau et son visage exprimait une colère indescriptible ! Je flippai à mort, car Jennifer m'avait déjà parlé des sautes d'humeur de son père. Celui-ci sortit de table, alla fermer le portail dehors, revint vers moi en brandissant les clefs et en criant :

— Maintenant, tu peux plus sortir, t'es obligé de rester !!

Il y eut quelques secondes durant lesquelles je me sentis en réel danger... avant de voir le visage du père se détendre et qu'il éclate de rire ! Toute la famille éclata de rire, Jennifer comprise, et je restai quelques minutes complètement ahuri. J'appris un peu plus tard que c'était une blague que Paco-Brice aimait bien faire. Il fit à peu près la même quelque temps plus tard à Cyp, en lui reprochant cette fois-ci d'avoir maté sa femme et en le menaçant de l'égorger, ce qui le fit encore beaucoup rire ! Je réussis tout de même à partir le lendemain, en me promettant de ne jamais revenir...

Mais deux ans plus tard, je reçus un appel de la mère de Jenifion qui souhaitait lui faire une surprise pour ses vingt ans. Enthousiaste, elle me déclara :

— Oui, j'ai invité toute la famille et j'aimerais bien que tu viennes, ça lui ferait plaisir. J'aimerais bien aussi que Cyprien soit là. Vous pouvez venir tous les deux et vous dormirez à la maison.

Aussitôt, deux images me vinrent à l'esprit : le briquet et le couteau à fromage. Et puis la nuit que j'avais passée, entre l'angoisse de me faire cramer les cheveux pendant mon sommeil et la peur de voir débarquer Brice de Nice-Jack Nicholson *Shining*-Francis Heaulme dans la chambre d'amis, d'autant plus qu'avant d'aller me coucher, cette nuit-là, Jennifer m'avait balancé :

— Faut pas faire attention, c'est mon père, y fait souvent des blagues bizarres ! Mais il est mieux en ce moment, parce que quand j'étais plus jeune, il le faisait sérieusement. Il pétait des câbles, il était vachement jaloux ! Un jour, il a planté un type qui s'était approché trop près de ma mère !

Et elle m'avait dit ça avec l'air le plus détaché du monde en poursuivant :

— Il est comme ça, il est vachement possessif, même moi, au départ, il voulait pas que je voie des mecs.

Et alors moi, toute la nuit, j'avais imaginé le père jaloux pétant un câble, deux fils qui se touchent en se réveillant et le mec qui se dit :

— Putain le p'tit con, il est en train de s'taper ma fille chez moi !!

Et il débarque dans la chambre et il brandit son couteau, et moi qui hurle :

— Non mec sérieusement, j'me tape pas ta fille, j'te jure ! Déjà elle mesure un mètre quatre-vingts et moi un mètre quarante, alors j'peux rouler des palots qu'à son nombril, c'est con, et encore sur un escabeau, en plus t'as vu la gueule qu'elle a, des boutons plein la gueule, sérieux l'amour-pustule c'est pas mon truc !! C'est pas une fille, c'est une tarte aux fraises !!

— Quoi ?? Tu trouves qu'elle est moche ma fille ?? Tout le monde dit qu'elle me ressemble !!

— Non, c'est pas ça, j'veux pas t'vexer, mais avoue quand même qu'elle est plus proche de Michel Galabru vieux que de Rihanna à vingt piges !!!

La nuit la plus angoissante de ma vie… Seulement, par amitié pour ma chère Jenifion et parce que la loyauté a toujours été ma qualité principale, j'acceptai l'invitation.

Nous débarquâmes avec Cyprien à Évreux le 25 février en fin d'après-midi. Nous fûmes accueillis par Frédéric au bord d'un chemin près de leur maison, car nous devions être le clou du spectacle et arriver après l'apéritif. Cette fois-ci, il ne s'était pas déguisé en Brice de Nice. Il était au contraire très tendu et avait une haleine chargée de whisky. Il fumait clope sur clope, tout en nous expliquant que sa femme avait voulu inviter ses deux frangins à elle, et qu'à chaque fois qu'elle le faisait, cela se passait très mal. Avec Cyp, nous nous regardâmes : « Ça se passe mal, c'est-à-dire ? Explique-toi mec ! » Malheureusement, il ne dit rien de plus et nous le suivîmes en bagnole. En arrivant, Jenifion nous accueillit avec bonheur : elle était si radieuse que nous prîmes les deux-trois premiers verres dans une félicité totale. Nous nous installâmes à table : les bouteilles de Whisky, de Ricard et de Martini étaient déjà vides. À peu près tout le monde était bourré, à part le frère triso pyro, la petite sœur de cinq ans et les deux bergers allemands. Assis, j'eus le temps de contempler l'assemblée : on aurait dit *La Cène* de Léonard de Vinci, avec Jésus et ses apôtres. Au centre trônait Jenifion, en longue robe blanche, un petit duvet au-dessus de la bouche remplaçant la fameuse barbe du fils de Dieu. À sa gauche, Mamie Gisèle, deux cents kilos, semblable à une bouillotte en robe noire sur laquelle on aurait posé le visage d'un Gargamel lubrique. À gauche encore, sa Mamie-Sorcière, son oncle aveugle, son frère triso et, au bout de la table, la petite sœur et un des bergers allemands. À sa droite, son oncle Jacky, tatouage de taulard, Marcel et muscles-*Orange Bleue* forfait Marmule, et sa femme, Monique, trente-cinq ans et déjà une voix à la Jeanne Moreau et un visage-Brigitte Bardot. À l'autre bout, son père et sa mère. En face, Cyp et moi ; à côté de nous, un vieux monsieur que je ne connaissais pas (le papy paternel de Jennifer), le deuxième oncle (Jenifion m'avait dit qu'il ressemblait à Keanu Reeves, ah oui, c'était bien lui, mais après trois ou quatre AVC), sa femme Vaness et leurs deux adolescents boutonneux.

On attaqua l'entrée. Je mangeai avec appétit quand je surpris le regard lubrique de Mamie Gisèle sur moi. Jenifion, déjà ivre, se prit au jeu et commença à dire à sa grand-mère :

— T'as vu Mamie, il est mignon Florian, hein ?

Tandis que son oncle baraque donnait des coups de coude à la vieille en gueulant :

— Y't'plaît ben le p'tit jeune, Mamie Gisèle, hein, t'aimerais ben t'le faire, hein ?

Et Mamie Gisèle, déjà complètement soûle, ne parlait pas, mais opinait du chef en me regardant avec son sourire de plante carnivore. L'oncle Jacky se lança alors dans un monologue façon agence matrimoniale qui devait, en principe, me présenter la belle sous son plus beau jour :

— Avec Mamie Gisèle, mon p'tit pote, tu vas bien t'amuser hein, et puis t'auras d'quoi bouffer j'te l'dis, pour la monter celle-là faut être un putain d'alpiniste, j'te dis, c'est l'Everest, Mamie Gisèle, c'est l'toit du monde !!

Et il enchaîna, poète :

— Faut voir c'qu'elle s'fout dans l'carafon, Mamie Gisèle !! Y m'l'ont dit ses voisins, avec c'qu'elle bouffe, quand elle chie, ça dépote dans tout l'immeuble, c'est les chutes du Niagara !!!

Et la Vénus gloussait en faisant trembler la table et en avalant sa bouteille de pif comme un gosse tète son biberon. Jennifer se marrait, Cyp se marrait, toute la table à vrai dire se marrait ! Je regardai le frère triso en le priant secrètement de faire diversion en cramant la permanente de sa tante Monique ! Mais rien, pas une aide, et la Mamie-Sorcière qui riait aussi, en laissant voir sa bouche sans dents. Les deux oncles s'animèrent, et chacun se surpassait pour faire rire l'assemblée. Leur victime, Mamie Gisèle, n'en pouvait plus : elle riait en écrasant ses bras rondins de séquoia sur la table… jusqu'au moment où les choses tournèrent très mal ! L'oncle baraque, qui faisait partie d'un club de boxe, émit l'idée d'inscrire Mamie Gisèle en tant que punching-ball. Le père de Jenifion et lui commencèrent à parler des combats à venir, mais brusquement, le deuxième oncle-Keanu Reeves balança, provocateur :

— De toute façon, la boxe, c'est un sport de tapette !

S'ensuivit un débat que n'aurait pas renié Bernard Pivot dans son émission *Bouillon de culture :*

— Et tu fais quoi toi, hein, du tennis ? C'est le tennis qu'est un sport de tapette !!

— Ah non, c'est la boxe ! J'te touche, tu m'touches, oh j'te touche pas, hop ça y est, j't'ai touché…

— Et toi connard, avec ta raquette, j'touche la balle, j'la touche pas, ah ben mince j'ai perdu ! Raquette tapette !

— C'est toi la tapette !

— Non c'est toi la fiotte !

— Toi t'es une tantouze !

— T'es une tante !

— Tu la ramassais en taule la savonnette hein ?

— Ta gueule !

— Pédé !

— Tapette !

— Tafiote !

— Tarlouze !

— Tapette Raquette !

— Boxette Tapette !

Les deux oncles, comme dans un café philo, s'animaient, encouragés par leurs femmes respectives, émules de Gandhi, qui répétaient à leur mari :

— Mais vas-y, montre-lui qu't'es pas une tapette !!

Et les maris répondaient :

— J'suis pas une tapette !!!

Et leurs femmes :

— Ben vas-y, montre-lui qu'c'est lui la tapette !!!

Le père de Jennifer essaya de calmer les esprits :

— Mais y'a pas d'tapette ici !

Mais les deux oncles répondirent :

— Si, y en a une, c'est lui la tapette !!!

Si bien qu'au bout d'un moment, l'un des oncles sauta sur l'autre et il y eut une bagarre monumentale ! Frédéric poussa les combattants dehors et l'on entendit des coups et des cris. Nous, le reste de la table, maintenions un silence pesant, Mamie Gisèle me lança une œillade des plus suggestives…

Les deux épouses, par solidarité conjugale, commencèrent à s'écharper elles aussi : elles se mirent des gifles, tombèrent au sol, la mère de Jennifer essaya de les séparer. Mamie Gisèle me montra la chambre d'amis avec son index boudiné et velu et la sorcière était en train d'expliquer la scène à son fils aveugle, tandis que les deux bergers allemands aboyaient et que le frère triso avait profité de la cohue pour allumer une bougie d'anniversaire. Au bout de quelques minutes, le calme revint. L'oncle baraque rentra dans la maison, tandis que Keanu Reeves, l'œil amoché, dit à sa femme et aux deux adolescents de sortir. Il déclara qu'ils se cassaient. La mère de Jenifion tenta de le retenir, mais il lui répondit, énervé :

— J'préfère pas rester, sinon ça va finir mal !

Un des oncles parti, le père empoigna une bouteille de vodka et il la picola tout seul en tirant frénétiquement sur sa clope.

Comme un naufragé qui cherche une bouée de sauvetage, je me mis à parler avec le seul individu de la famille qui me semblait normal, le papy paternel, qui était juste à côté de moi. Il me parla de l'incident :

— De toute façon, avec eux, c'est toujours comme ça, ils peuvent pas se voir sans s'taper dessus.

Ce vieux me parut très serein, très philosophe, alors je l'écoutai avec attention. Il poursuivit :

— Tu vois mon p'tit gars…

Il s'arrêta un instant, dirigea son doigt vers le mur :

— Tu vois mon p'tit gars, avant, j'avais la carabine facile. Tu vois ces taches blanches, eh ben on a été obligés de r'passer d'la peinture ; ça, c'était quand j'étais énervé ! Une fois, ici, j'avais trop bu, j'suis allé chercher ma carabine et je me suis amusé à tirer partout…

Je le regardai avec inquiétude en me disant : « Non, il est sérieux le type, oh non pas lui, pas lui… »

Et il continua :

— Tu vois p'tit gars, quand j'étais plus jeune, j'ai buté un type. J'avais un bar, et une fois, un type ne voulait pas partir, alors j'ai sorti ma carabine et j'l'ai buté. J'ai été en taule ! Tu vois p'tit gars, moi, j'tapais pas, mais j'avais la carabine facile ! J'l'ai encore ma carabine, toujours dans l'coffre, des fois qu'y aurait du grabuge, mais j'la sors pas souvent, à part pour buter les chevreuils qui traversent la route !

Cyprien et Jennifer étaient dehors. J'essayai de me contenir… Je n'avais qu'une seule envie : me casser le plus vite possible !! Après le dessert, nous réussîmes à trouver une excuse pour partir et nous laissâmes Jenifion et sa famille de dingues. Notre amie était vraiment contente que nous ayons fait l'effort de venir. Lorsque nous montâmes dans ma caisse, nous poussâmes avec Cyprien un « ouf » de soulagement terrible… Sauf que, trop pressé de partir, je fis une mauvaise manœuvre et l'arrière de ma voiture percuta l'avant d'une autre !! Un bruit retentit !! Cyp et moi, nous nous regardâmes… Je pensai à la carabine et lui à des gants de boxe ! Nous fîmes quelque chose d'absolument courageux : nous partîmes en trombe vers Caen, sans savoir à qui appartenait la bagnole percutée !

L'info, nous l'obtînmes un an plus tard, lorsque Jennifer nous raconta l'incident qui s'était produit au mariage de sa tante, une des sœurs de sa mère, qui n'était pas présente le jour de son anniversaire surprise. Le jour du mariage, la mariée avait voulu réunir ses deux frangins fâchés. L'oncle Jacky et l'oncle Keanu Reeves se tinrent à peu près bien jusqu'à la pièce montée. Au moment de la première danse des mariés, les convives entendirent un bruit qui venait de l'extérieur : tout le monde se précipita dehors… Ils aperçurent alors l'oncle Jacky qui tenait dans ses mains une hache viking et qui avait entrepris de détruire la voiture de son frangin. Après le massacre, les yeux injectés de colère, il se tourna vers la foule en hurlant :

— C'est pour c'que tu m'as fait à l'annif de Jen, connard ! T'as bousillé mon phare, j'ai bousillé ta caisse… TAPETTE !!

L'enfant qui faisait genre

Ole-Gunnarde Isaksson naquit à Stockholm d'une mère skinhead lesbienne vegan et d'un père transgenre qui prenait chaque matin au petit-déjeuner, outre du muesli chocolat-banane, un traitement hormonal à base d'anti-androgènes, d'estrogène et de progestérone. Lorsqu'Ole-Gunnarde vint au monde, son paternel disposait déjà d'un bon 95 C et sa mère portait des uniformes militaires et s'était mise à la moto, tout en arborant le long de ses bras musclés des tatouages tête-de-mort. Dans le quartier, on adorait Ramba (c'était le surnom de sa mère) et Rockette (celui de son père), car on les considérait comme un couple moderne, un vrai couple libre, « un couple » selon l'ONG *Humans Hermaphrodite Hidentity,* « enfin débarrassé des siècles d'oppression sexuelle préalable à la soumission des êtres enchaînés dans des catégories infantilisantes, discriminantes et sclérosantes » ! On les voyait, tous les deux, tous les dimanches matin, faire leurs courses au marché du coin, non pas main dans la main, manifestation ô combien esclavagiste du rapport homme-femme, mais un mètre cinquante derrière l'autre, ou devant l'autre, ou à droite, à gauche, symbolisant par cette distance, selon eux, « l'existentielle liberté entéléchique des êtres ». Le couple recevait beaucoup ; on aimait assister à un dîner chez eux, car ce n'était pas un simple repas, mais un vrai rituel philosophique dont on se sentait partie prenante. Chez eux, on ne mangeait bien sûr que des graines et des légumes, mais Ramba, obnubilée par l'insupportable souffrance de la carotte râpée et l'odieuse torture infligée à la graine de courge, cuisinait ses plats en récitant des prières et en faisant brûler de l'encens, histoire d'accompagner les morts dans leur terrible trépas ! Ainsi, il y avait chez eux une pièce qu'ils appelaient « Le cimetière des Martyrs Culinaires », dans laquelle ils prenaient soin de donner une sépulture à tout individu ingurgité au sein de leur appartement. Chez eux, chaque carotte avait sa tombe !!

Ramba et Rockette s'étaient rencontrés lors de la venue du président Poutine en Suède. Ramba était venue avec ses potes Hooligans pro-russes pour voir son idole, tandis que Rockette avait profité de l'occasion pour troubler ce voyage. Avec ses copines Femen, seins à l'air et jeans taille basse, il avait affiché sur sa poitrine encore velue un slogan provocateur, ô combien révolutionnaire : « Barre-toi Poutine, y en a marre de ta vieille Pine ! » Aussitôt, Ramba était tombée amoureuse de cet homme très féminin qui osait défier le monarque russe et, n'écoutant que son cœur, aidée par son poing suédois rageur, elle avait sorti sa Rockette des griffes de Cerbères qui tentaient de l'emmener de force dans une fourgonnette bleue. Elle y avait perdu ses amis Hooligans, mais elle y avait aussi et surtout gagné l'amour !

Pendant cinq ans, leur bonheur fut sans tache, et c'est donc tout naturellement qu'ils décidèrent de faire un enfant ensemble. Quand Rockette accoucha (il s'était fait greffer depuis longtemps un vagin artificiel), tandis que Ramba avait pris soin de congeler sa semence reproductrice dans une clinique suédoise, dont la spécialité consistait en la transformation d'ovules prosciateurs en spermatozoïdes reproducteurs, permettant selon l'ONG *Humans Hermaphrodite Hidentity* « une avancée majeure dans la flexibilité phénoménologique des sexes », les deux parents progressistes étaient d'accord sur trois choses essentielles : premièrement, ils donneraient à leur progéniture un prénom à la fois masculin et féminin : Ramba choisirait le prénom masculin et Rockette le prénom féminin. Ils optèrent donc pour Ole-Gunnarde. Deuxièmement, ils placeraient leur enfant dans une école qui prônerait l'éducation neutre, sans distinction fille-garçon, afin de ne pas l'enfermer, selon eux, « dans les codes et préjugés machisants ou féminisants de la société réactionnaire passéiste ». Troisièmement, et ce fut sans doute leur décision la plus symbolique, ils décidèrent de ne jamais indiquer aux autres le vrai sexe d'Ole-Gunnarde (dès l'apparition du petit garçon, Rockette avait tendu une couche blanche à l'infirmière en déclarant, sous le regard énamouré de Ramba, « cachez ce braquemart que je ne saurais voir ») ; et ils installèrent un système déroutant qui fut le socle de leur éducation : les jours pairs, Ole-Gunnarde serait un garçon, les jours impairs, Ole-Gunnarde serait une fille ! Mais Ramba et Rockette allèrent encore plus loin : afin de ne pas identifier jour pair (donc symboliquement jour de l'union, jour de la concorde donc jour de l'altruisme) avec l'idée de garçon (comme si l'on associait le sexe garçon avec l'idée d'union par opposition aux jours impairs de la fille qui symboliseraient, eux, l'idée de désunion, de zizanie…), et jour impair avec l'idée de fille, ils décidèrent d'un commun accord que les six premiers mois de l'année, Ole-Gunnarde serait un garçon les jours pairs et une fille les jours impairs, mais que pendant les six mois restants, Ole-Gunnarde serait cette fois-ci une fille les jours pairs et un garçon les jours impairs. Cette organisation pourtant des plus simples dérouta quelque peu les parents du couple, d'autant plus qu'à aucun moment le papa et la maman ne voulurent donner à leurs proches des indications sur le sexe de l'enfant. Ils prirent ainsi soin d'habiller et de coiffer leur progéniture d'une façon totalement neutre, de sorte que personne ne soit capable de savoir si c'était un garçon ou une fille. Souvent, les grands-parents, engoncés dans les préjugés du monde archaïque, offraient des jouets genrés à leur petit-enfant, ce qui occasionnait quelques désagréments : par exemple, une fois, à Noël, le 25 au matin, ils avaient prévu de lui offrir des poupées Barbie, alors qu'au mois de décembre, le 25 (donc jour impair), Olé-Gunnarde était un garçon ! Quelle erreur !! Heureusement, Ramba et Rockette, individus modernes donc tolérants, acceptaient pleinement les faiblesses de ceux qui n'avaient pas encore grimpé l'ultime marche de l'escalier de l'Histoire. Exceptionnellement, on décida d'offrir les cadeaux le soir du 24, et non le matin du 25, si bien qu'Ole-Gunnarde eut droit à ses poupées Barbie, cadeau qui malheureusement finit à la poubelle le lendemain, car il ne lui plaisait plus.

Pendant quinze ans, tout se passa bien… Ole-Gunnarde alla à l'école d'Anna Kazinski, une éminente chercheuse spécialisée dans les recherches sur la théorie du genre. Après de longues années d'étude, cette intellectuelle reconnue avait obtenu du gouvernement les subventions nécessaires à la création d'une école neutre, au sein de laquelle l'ensemble de l'équipe éducative appliquait ses théories : poupées non sexuées, prénom neutre donné à chaque enfant, modification des manuels scolaires, ainsi que modification des contes lus aux apprenants. D'ailleurs, Anna s'était fait connaître grâce à deux articles publiés dans la revue *Homme Femme ou les deux*, articles portant sur deux contes célèbres : *Le Petit Poucet* et *La Petite fille aux allumettes*. En effet, par une analyse brillante, Anna avait montré que « dans *Le Petit Poucet*, on valorisait l'esprit d'initiative du garçon ; par conséquent, on associait le garçon au Logos, à l'intelligence, à la puissance de l'esprit, tandis que dans le conte d'Andersen, la petite marchande et ses gémissements enfermaient la femme dans un registre ô combien infantilisant de la sentimentalité outrancière féminine » !

Pendant toutes ces années, Ole-Gunnarde n'eut pas à souffrir de la question de son identité. Il était alternativement fille ou garçon et ses camarades étaient comme lui. À la piscine, on se changeait dans le même vestiaire et Anna leur apprit à tous que l'on n'était pas un garçon sous prétexte que l'on avait un zizi, et vice-versa pour les filles. Selon elle, on pouvait très bien avoir des seins et se sentir garçon, avoir des testicules et se sentir fille.

Le premier incident eut lieu lorsqu'Ole-Gunnarde Isaksson fut contraint de quitter l'école d'Anna Kazinski pour se rendre dans un lycée plus classique. En effet, l'école d'Anna accueillait des enfants de quatre à quatorze ans, mais cela n'allait pas au-delà, l'expérience ne bénéficiant pas encore des subventions nécessaires à la création d'un véritable lycée. Le premier jour, Ole-Gunnarde s'inscrivit à un cours de basket. On était le 14 du mois de septembre, c'est donc tout naturellement qu'Ole-Gunnarde alla se changer dans le vestiaire des filles. Il n'eut pas de chance : un match de handball avait eu lieu précédemment et l'ensemble de l'équipe était en train de prendre sa douche lorsqu'il entra. Arrivé avant toutes les joueuses de basket, il entendit le bruit des douches, posa son sac de sport sur un banc et entreprit de se changer. Quand les joueuses de l'équipe de handball sortirent nues de leur cabine, elles trouvèrent Ole-Gunnarde, souriant, nu lui aussi, qui leur adressa sans complexe un retentissant :

— Salut les copines, alors, on est toutes propres maintenant !!

L'incident fit le tour du lycée, car l'une des filles affirma qu'Ole-Gunnarde, au moment de leur arrivée, était en pleine érection (le pauvre disposait déjà d'un membre Raspoutine). On l'accusa par conséquent d'attentat à la pudeur, et la rumeur prenant feu de tout bois, de viol en réunion ! Convoqué dans le bureau du principal, l'élève perturbateur fit preuve d'une incroyable insolence : au directeur de l'établissement qui tentait de lui montrer la gravité de son acte, Ole-Gunnarde répondit :

— Mais, Monsieur, je suis une fille. Nous sommes bien le 14 septembre, un jour pair, eh bien aujourd'hui, je suis une fille !

L'édile s'emporta :

— Mais pourquoi vous me parlez de jour pair, voyons ! Le 13 ou le 14, peu importe, qu'est-ce que vous faisiez dans le vestiaire des filles ?

— On est bien le 14, non ? Eh bien je suis une fille ! répéta l'outrecuidant qui croyait ne pas l'être.

Le principal tenta de lui expliquer, par monts et par vaux, que ce qu'il détenait entre les jambes prouvait bien son appartenance au sexe masculin, mais Ole-Gunnarde ne voulut rien savoir et répondit du tac au tac :

— Non, Monsieur, on peut avoir des testicules et être une fille ! Le sexe ne prouve rien. On est tous un garçon et une fille. Aujourd'hui, je me sens femme, et vous aussi peut-être qu'aujourd'hui, vous êtes une fille sans le savoir !

L'édile outragé l'exclut aussitôt de l'établissement. Ramba et Rockette furent convoqués. Ils expliquèrent leurs principes éducatifs. Le principal se montra conciliant, il réintégra Ole-Gunnarde en cours et dans l'équipe de basket. Pourtant, ce cas lui posa de sérieux problèmes. En effet, certains jours pairs, ce joueur particulier jouait avec les filles alors que certains autres jours, il jouait avec les garçons. Mais à quinze ans, Ole-Gunnarde était devenu un véritable athlète ; mesurant pratiquement deux mètres pour cent dix kilos, il impressionnait tout le monde par sa stature, si bien que lorsqu'il jouait avec les filles, il réalisait un véritable carnage ! Lors de la finale interlycées qui eut lieu le 15 avril, il provoqua une émeute dans la salle, car l'équipe adverse, constituée bien évidemment uniquement de filles, se prit une raclée monumentale provoquée en partie par un pivot adverse au look de déménageur qui blessa la moitié des joueuses, alors que la foule déchaînée criait à l'injustice en hurlant :

— Le mec n'a rien à faire là, dehors la verge !

Ole-Gunnarde se retourna et hurla lui aussi d'une voix de stentor :

— On est le 15, je suis donc une fille !!

Cet épisode marqua la fin des aventures scolaires d'Ole-Gunnarde et provoqua une vive polémique dans le pays. En effet, Anna Kazinski se rendit sur tous les plateaux de télévision pour expliquer que la question de l'identité sexuelle se posait. Le cas de son ancien élève était intéressant : c'était un individu qui, selon les jours, se sentait homme ou femme, et qu'il n'était pas question de traitement hormonal (il faut savoir en plus que le père d'Ole-Gunnarde, Rockette, avait entretemps stoppé son traitement féminisant, car il avait décidé de redevenir un homme, ainsi il avait commencé un traitement masculinisant à base de testostérone et de côtes de bœuf). Anna expliqua que les traitements hormonaux étaient selon elle « une barbarie archaïque, car les individus qui décidaient de le suivre s'enfermaient dans l'idée d'obtenir un statut sexuel uniquement par le prisme des organes, alors que le féminin et le masculin n'avaient rien d'organique, que cette séparation n'avait aucune raison de perdurer » ! On était femme, on était homme alternativement, parfois même selon les heures. Elle soutint alors le choix courageux qu'avaient fait ces parents visionnaires.

De dix-sept à vingt ans, Ole-Gunnarde tomba dans une dépression identitaire douloureuse : couché vingt-quatre heures sur vingt-quatre dans son canapé, il passait ses journées à regarder la télévision en mangeant des chips et en éclusant les bières, ne sachant plus lui-même s'il était un homme ou une femme, si bien qu'il était capable de mater *Dirty Dancing* le matin et *Conan le Barbare* le soir. Il sortit de la dépression grâce aux soins d'un psy hors pair spécialiste des questions du genre. Malheureusement, le jeune homme connut une autre mésaventure… Parti au Mexique pour s'évader un peu, il fut mis en prison par la douane, car sur son passeport, on avait été obligé de mettre comme sexe « Homme ». Hélas, il débarqua à Mexico le 3 juin et refusa d'entrer dans la file de gauche où l'on fouillait les garçons. Il prétendit qu'en sa qualité de fille, il devait se faire fouiller par une femme ! Il créa un scandale dans l'aéroport, et les douaniers, sans aucune forme de procès, le mirent dans une geôle fétide où le soir même, sous les douches, les membres du gang des *Natchos Tacos* s'occupèrent de ce drôle de Pépito blanc qui se prenait pour une Pépita !

Dégoûté du monde des hommes et des femmes, Ole-Gunnarde se tourna vers celui des animaux et entreprit de vivre en osmose avec la nature dans un coin reculé du globe. Il fit des recherches sur Internet et découvrit qu'une population de tortues vyridiana, espèce hermaphrodite, vivait paisiblement sur une île du Pacifique, l'île de Patchoukata. Il s'y rendit en avion, puis en bateau, loua une pirogue, croisa Frédéric Lopez et Joey Starr tournant un nouvel épisode de l'émission *Rendez-vous en terre inconnue* et débarqua un beau matin d'août, le 5, muni d'un simple pagne. Il vécut dix ans en harmonie avec ces tortues qui semblaient le comprendre. Il se construisit une cabane, vécut à la Robinson et fut enfin heureux, tranquille, apaisé… Hélas, pour cet être maudit, ce bonheur ne dura point…

Un jour qu'il était monté dans un arbre afin d'attraper une mangue sauvage pour son petit-déjeuner, Ole-Gunnarde glissa, tomba et s'écrasa sans vie sur le sol. Une fin rapide et tragique… Le peuple des tortues vyridiana lui rendit un dernier hommage en improvisant pendant deux jours une ronde funéraire et l'on assista dans la forêt à un concert de carapaces. Puis elles se remirent à l'eau et partirent se reproduire ailleurs. Le corps d'Ole-Gunnarde resta dix jours sous le manguier, jusqu'à ce qu'un varan de Komodo, vorace, se délecte de sa dépouille. Ironiquement, il ne dévora que ses organes génitaux, si bien que l'enfant sans genre obtint de sa mort ce qu'il n'avait jamais pu obtenir véritablement de son vivant : un mystère total sur son identité sexuelle !

Quelques jours plus tard, le peuple des Rapanou Massabounouma, qui explorait la forêt à la recherche de vivres, découvrit le cadavre, et comme aucun d'eux n'avait vu d'homme blanc, ils se rappelèrent une prophétie racontant la venue d'une divinité hermaphrodite. Ole-Gunnarde fut donc transporté dans le village et il eut droit à une magnifique sépulture en forme de totem. Depuis ce jour, le peuple des Rapanou Massabounouma honore le fils de Ramba et de Rockette sous le nom d'Atajunat, ce qui signifie dans leur langue :

« L'ange venu du ciel. »

Le Gang des Prostites

« Vous allez veir c'que vous allez veir » s'écria Mamie Blanquette, lorsque sa fille décida de l'enfermer à la maison de retraite *Les Vieilles Jonquilles*, à Binancourt-sur-Ochon. Cela faisait déjà quelques mois en effet que son gendre Bernard guettait le moindre souci de santé de la « vieille bique », comme il avait l'habitude de l'appeler, avec une tendresse non dissimulée. Veuve depuis le vendredi 13 mai 2004, la mémé s'était portée comme un charme pendant dix ans. Habitant le Mesnils-la-Bluette dans une maison en bordure de forêt, dix années durant, elle avait multiplié les allers-retours entre sa bâtisse et le bourg du village, sarclant son jardin à la binette, se rendant à la messe le dimanche matin, et dégustant même après l'eucharistie quelques Pastis *Chez Renée,* en compagnie de ses deux amies d'enfance, Ginette Python et Marceline Fricatelle. Tous les dimanches matin, on voyait les trois inséparables revenir chez elles en titubant, bras dessus bras dessous, en chantant une chanson paillarde qui évoque les malheurs d'un curé aux œufs pochés légèrement pendants.

Bernadette, sa fille, et son mari Bernard, ainsi que leurs deux filles Valburge et Frédégonde, avaient espéré pendant dix ans une fracture du fémur, une luxation de l'épaule, une tombée inopportune dans les escaliers, une malencontreuse chute lors d'une randonnée avec le « club », mais rien, absolument aucun incident n'était survenu en dix ans ! La vieille bique ne cessait de pétarader dans tous les sens et elle ne leur lâchait rien, rien du trésor sur lequel elle était assise, rien du magot, rien des biffetons qu'elle planquait bien quelque part !! Pratiquement rien… Oh, il y avait bien les trois cents euros qu'elle daignait sortir de sa bourse lors de leurs anniversaires, plus les restaurants gastronomiques qu'elle offrait à l'occasion. Oh, il y avait bien les vacances aux sports d'hiver qu'elle payait tous les ans, les forfaits skis, chaussures, bâtons, moufles, raclettes, tartiflettes, Espace Diamant, chaînes sur Porsche Cayenne de location, F6 avec vue sur le Mont-Blanc, cours de golf sur glacier pour Monsieur et Sauna Hammam Massage Corée du Nord pour Mesdames. Oh, il y avait bien tout cela, mais pour ce qui était du reste, la vieille bique ne lâchait rien, absolument rien ! Le pire dans tout ça, c'est qu'elle conservait toute sa tête !! Impossible de la mettre sous curatelle afin d'avoir accès à son code carte bleue et de lui soutirer ainsi chaque mois quelques pennys, impossible d'obtenir la procuration sur ses multiples comptes, impossible. Alors, Bernard et Bernadette se voyaient dans l'obligation d'aller s'échiner tous les jours au travail, lui comme responsable de la déchetterie d'Épinards-en-Moselle, trente-cinq heures à somnoler près des ordures, à ronfler parmi les déchets, et elle, employée de mairie, vingt-cinq heures payées trente-cinq, à gérer toute l'administration d'une commune de cent seize habitants. Valburge et Frédégonde, les pauvres, avaient dû également reprendre le chemin du lycée, alors que chacune d'elle s'était imaginée, à la mort de leur adorable Pépé Picsou, en rentière Paris Hilton pour l'une, en héritière Kim Kardashian pour l'autre !

Heureusement, le 6 juin 2014, tous leurs vœux furent exaucés : ce jour-là, avec bonheur, toute la famille avait appris que Mémé Blanquette avait été transportée à l'hôpital. En effet, comme chaque dimanche, la vieille bique avait un peu chargé la mule avec Ginette et Marceline *Chez Renée*. Après six ou sept Pastis, elles avaient sympathisé avec de jeunes footballeurs mignons qu'elles avaient ambitionné de mettre dans leurs lits le soir venu. Pour les impressionner, Jeanine Blanquette, quatre-vingt-cinq ans, avait lancé dans le bar un concours de tractions. Un des jeunes étalons en avait fait quinze ! Jeanine, nullement impressionnée, s'était mise en branle, et alors qu'elle était en train de battre le record, elle s'était tout d'un coup bloqué le dos et s'était écroulée près du baby-foot comme une vieille chaussette détrempée qui trébuche d'un étendoir. Malgré ses cris de protestation, on l'avait emmenée tout de suite aux urgences. Le verdict avait été cruel pour cette sportive accomplie : trois côtes fêlées et une entorse de la cheville ! Aussitôt, Bernard et Bernadette s'étaient rendus au chevet de leur mamie chérie adorée d'amour mamie gâteau mémé manou mimounette !!! Accompagnés de Monseigneur Lelièvre, le prêtre de la paroisse, venu pour lui donner les derniers sacrements, ils avaient malheureusement trouvé une vieille bique toujours vivante, toujours fringante, semblable à la célèbre chèvre du père Seguin luttant courageusement contre la meute des trois petits cochons :

— Alors maman, comme ça, on a fait une mauvaise chute… déclara Bernadette, pleine d'espoir.

— C'est rien ma p'tite, avait expliqué Jeanine, dans deux jours, j'suis sur pattes. Tu f'rais mieux d't'occuper d'ton keum ! Ça fait à peine dix jours qu'on s'est vus et il a déjà doublé d'volume ! Dis donc la frigide, y couvrirait pas un gosse ton mac par hasard ?

Bec pincé, Bernadette avait maudit cette mémé qui leur en faisait voir de toutes les couleurs ! « Mais elle ne perd rien pour attendre », s'était-elle exclamée, furax, et elle était partie de l'hôpital en formulant une résolution redoutable : enfermer Mamie Blanquette, d'ici un mois, dans une maison de retraite ! Pour le plus grand malheur de la vieille bique, sa fille avait tenu parole et c'est le cœur gros comme un pactole *EuroMillions* que cette dernière avait regardé, au matin du 30 octobre 2015, trois infirmiers déposer la poule aux œufs d'or sur le parking de la maison de retraite *Les Vieilles Jonquilles* à Binancourt-sur-Ochon.

Dès les premiers jours de son internement, Jeanine fut odieuse avec le personnel de l'EHPAD. Elle s'oubliait volontairement lors de la toilette quotidienne, si bien que les infirmières redoutaient la semaine où dans leur planning figurait la chambre 666. Le midi et le soir, elle ne touchait pas à son assiette, et quand la gentille cuisinière venait lui demander pourquoi elle ne mangeait pas, Mémé Blanquette lui répondait invariablement :

— C'que tu fais, c'est d'la merde, et j'ai pas l'habitude de bouffer d'la merde !

En salle de télévision, elle débarquait en criant « Bonjour les vioques », s'emparait de la télécommande, puis, au moment où le présentateur *Des Chiffres et des lettres* Laurent Romejko annonçait « Le compte est bon » et que les numéros s'affichaient, elle basculait sur C8. Tout d'un coup, les grabataires ahuris découvraient le visage de Maître Gim's ânonnant son célèbre tube : « Wesh ma gueule trop dare le seum ! » Ses facéties, tout comme celles jadis de Franck Ribéry au Bayern de Munich, furent connues de tous. Et la liste n'en finissait plus :

– Le mardi 5, elle cacha son dentier dans la purée de carottes de monsieur Lebeurrier qui l'avala d'un trait et fut enterré le lendemain.

– Le mercredi 23, elle fit, et ce le même jour, un croc-en-jambe à la directrice qui tomba dans les escaliers ; un croc-en-canne à madame Poussinet, cent deux ans, qui s'étala comme une huître du Bénin sur le balatum de la cafétéria ; un croc-en-fauteuil à monsieur Sonotone, et enfin un croc-en-bras à la pauvre madame Mine qui était cul-de-jatte.

Ses blagues ne faisaient rire personne ! Les patients et les infirmières n'en pouvaient plus. Une délégation frappa un jour à la porte de la directrice. Celle-ci, plâtrée des deux jambes depuis son accident, ne voulut pourtant rien savoir : la fille de madame Blanquette la payait chaque mois, et elle la payait chaque mois un peu plus. Il fallait donc supporter Mémé Blanquette !

Celle-ci, quoique désormais parfaitement rétablie et toujours aussi facétieuse, était au désespoir. En effet, même en poussant à bout tout le personnel médical ainsi que ses camarades-convention obsèques, elle n'arrivait pas à obtenir sa libération définitive. Pire, redoutant une évasion, on la plaça dans le tristement célèbre *QSR*, le Quartier pour Séniors Récalcitrants. Elle n'avait droit qu'à trente minutes d'étirement dans la cour. Au mitard, on lui interdit la langue de bœuf au motif que celle-ci pouvait lui servir à limer les barreaux de sa fenêtre. Elle resta quinze jours en *QSR*, ne voyant personne, ne parlant qu'au rat Jojo qui avait élu domicile dans la cuvette des chiottes. Lorsqu'elle en sortit, elle n'était plus la même ! Avant, Jeanine Blanquette était une révoltée un peu coquine. Après, elle était devenue Jacques Mesrine !

Heureusement pour elle, lorsqu'elle revint quelque peu affaiblie de son séjour en Enfer, elle eut le plaisir de revoir sa grande amie, Ginette Python, qui s'était fait volontairement interner dans le même EHPAD. Après les embrassades d'usage, Ginette attira Jeanine dans sa chambre, s'installa dans un fauteuil d'angle et retira ses bas de contention. Jeanine, sur le point de vomir, s'écria :

— Eh, mais t'es devenue sacrément dégueulasse, Ginette ! T'as vu les varices que tu t'payes, et en plus t'es pas bégueule, tu m'les montres !!

Python lui adressa un sourire complice, empli de fierté :

— Ah j'suis super contente ! Si ça marche pour toi, ça marchera pour les autres ! T'es con ou quoi, regarde-bien !

— J'vois rien, j'te jure, répondit Mamie Blanquette.

— Putain Blanquette, réveille-toi ! T'es engourdie ou quoi depuis qu't'es là ! C'est pas des varices ça, enfin si, mais des fausses ! Putain Blanquette, c'est le plan des égouts sous l'EHPAD. J'me l'suis fait tatouer sur les jambes !

— Putain t'es trop forte Ginette, j'savais qu'j'pouvais compter sur toi !

Pendant quinze jours, les deux mémés mirent au point le plan de leur évasion. Celui-ci comprenait plusieurs étapes : tout d'abord, il fallait séduire Marcel, l'homme à tout faire de la maison de retraite, car c'est lui qui détenait les clefs du sous-sol. Ginette s'en occupa : lors d'une soirée guinguette-accordéon-Yvette Horner, elle revêtit sa plus belle blouse à fleurs. Pimpante comme une tulipe artificielle dans une boutique *Rapid'Flore*, elle débarqua sur la piste. Aussitôt, Marcel l'invita à danser. À minuit, dans la chambre 504, Ginette lui dévoila ses charmes au cours d'un numéro de pole dance digne de l'actrice Elisabeth Berkley dans *Showgirls* ! Après trois minutes trente de musique endiablée, elle abaissa ses bas de contention avec sensualité et Marcel l'électricien découvrit le rêve de toute une vie : des varices ressemblant à des câbles électriques ! Ginette saisit l'occasion et lui déclara, machiavélique :

— Si tu veux les caresser, il faut que tu m'rendes un méga service !

Marcel, déjà vaincu, s'emporta :

— Mais ce que tu veux ma Gigi, ce que tu veux !

Ginette continua dans un demi-sourire :

— Tu dois m'laisser la clef du petit local au sous-sol, comme ça j'pourrai fumer mes garots alone. Ces connasses d'infirmières me laissent même pas fumer dehors ! Y paraît qu'c'est pas bon pour mes poumons. À mon âge, sérieux, y servent à quoi ces putains d'poumons !

Alors tous les jeudis, après un quart d'heure de caresses, Marcel emmenait sa dulcinée dans le p'tit local, où celle-ci, aidée de son amant (à qui elle avait promis une Box dans un hôtel Spa de Charleville-Mézières après l'évasion) creusait un trou béant dans les entrailles de cette prison pour vioques. De son côté, Jeanine s'occupa de l'infirmière de nuit, une gamine de dix-huit ans prénommée Khacendras. En effet, Mémé Blanquette avait remarqué que celle-ci s'enfermait tous les soirs, après son tour de garde, dans le local des médicaments, pour se fumer un p'tit joint de détente. Mémé Blanquette sympathisa avec l'ingénue, lui confiant son cœur, ses malheurs… À la machine à café, Khacendras était fière de dire à ces « putains de sales rombières de collègues qui la toisaient tout ça parce qu'elle n'avait pas encore son diplôme et qu'elle portait des jupes ras la foune » :

— Ah ben moi avec Mémé Blanquette, on s'entend hyper bien de ouf !

Jeanine réussit même à tirer quelques taffes sur le pétard vespéral. Elle en profita pour subtiliser aux dépens de la jeune fille des boîtes entières de somnifères…

Le jeudi 30 octobre 2016, un an jour pour jour après son internement, tout était prêt pour son évasion… Marcel guida sa Cléopâtre-Ginette dans les dédales du sous-sol. Les deux amants s'embrassèrent langoureusement, se promirent de se retrouver, puis l'électricien amoureux retourna chez lui comme si de rien n'était et mangea avec des rêves plein la tête le pot-au-feu que lui avait préparé sa femme Jeannette. À vingt-trois heures, Mémé Blanquette roula minutieusement un cône à base d'herbe et de tranquillisants. Lorsque Khacendras s'installa dans le fauteuil du local à médocs, la vieille tendit à la jeune un gros tarpé en lui disant d'une voix sucrée :

— Allez tiens ma p'tite, détends-toi un peu, j'te laisse tirer les premières taffes.

Au bout de trois lattes, la jeune fille gisait, étendue sur le sol. Il en était de même de la concierge ainsi que du médecin et du proctologue de garde. Quelques heures plus tôt, Marcel, en complice énamouré, avait vidé dans la sucrette automatique de la machine à café les boîtes entières de somnifères volés et pilés par Mémé Blanquette. Dans les couloirs désormais vides et silencieux, la mamie rock'n'roll s'autorisa quelques pas de cha-cha-cha ainsi qu'un doigt d'honneur bien senti à la caméra de surveillance. La fugitive exécutait ainsi un geste révolutionnaire qui semblait dire, tout bonnement : « Fuck Society, fuck my fucking daughter, fuck my fucking daughter !! » Au sous-sol, elle rejoignit Ginette et les deux complices descendirent l'échelle qui les déposa dans les égouts. Elles suivirent pas à pas le plan Varice. Au bout de quelques minutes, à une heure du matin exactement, elles débouchèrent sur la rue Lepic, située parallèlement à gauche de la maison de retraite. Déterminées, elles braquèrent avec leur lampe torche le père Lamouffe, le gardien qui faisait comme tous les soirs sa ronde de nuit. Tenu en joue, celui-ci fut obligé de donner son déambulateur. En s'aidant de leurs bas de contention, elles l'attachèrent à un poteau électrique et s'évanouirent dans la nuit. Rue du 6 juin, elles furent récupérées par Marceline Fricatelle. Les trois amies s'entassèrent dans la minuscule voiture sans permis de cette dernière. Quand, à deux heures du matin, Khacendras se réveilla de son sommeil de plomb, elle donna aussitôt l'alerte, mais les évadés étaient déjà loin, il y avait longtemps qu'elles avaient dépassé le périph de Saint-Martin-des-Groseillers !!

Dès lors, la région de Binancourt-sur-Ochon devint un territoire de terreur : définitivement passées du côté obscur de la force, les mamies en fuite multiplièrent les braquages et la police n'arrivait pas à les arrêter. En effet, Jeanine Blanquette dite « Le Veau », Ginette Python dite « Le Snack », et Marceline Fricatelle dite « Longue Saucisse », employaient des méthodes particulières : leurs cibles préférées, c'étaient les thés dansants, les guinguettes, les soirées Loto, les soirées Dominos, les repas des anciens combattants. À chaque fois, déguisées en vieillards, elles se dissimulaient dans la foule, et au moment où tous les vieux faisaient claquer leur dentier en réclamant leur dessert, Jeanine Blanquette se levait de table, s'emparait du micro et criait :

— Silence les huîtres, ceci est un braquage !!

À chaque fois, elle brandissait son arme de destruction massive : un boîtier métallique fabriqué par l'ingénieux Marcel et qui permettait de régler la marche de tous les pacemakers présents 50 mètres à la ronde. Et Mémé Blanquette poursuivait, à chaque fois, cruelle :

— Un geste, un pas de trop, une tentative, et je tourne le bouton, et vous êtes tous morts !

Alors, Ginette dite « Le Snack » s'emparait de la caisse et Marceline dite « Longue Saucisse » s'occupait des poches. En partant, Jeanine prononçait toujours des dernières paroles ô combien menaçantes :

— Là, on va s'barrer, mais j'vous préviens. Vous comptez jusqu'à trois cents avant d'bouger vos culs. N'oubliez pas que j'ai ce putain d'boîtier. Y marche à trois kilomètres à la ronde. Si j'entends des sirènes ou des trucs quand on part, je tourne et vous pouvez dire adieu à votre camping-car, à vos petits-enfants, à votre yorkshire doudou et à votre cochon d'Inde Dédette !

Les vieux, tétanisés, ne donnaient l'alarme que quelques heures plus tard : comme beaucoup d'entre eux avaient Alzheimer, il fallait plusieurs tentatives pour compter jusqu'à trois cents. À chaque fois, la police arrivait trop tard. L'inspecteur Didier Trinqueau était ainsi devenu la risée du *Canard boiteux*, le journal local :

– Trinqueau a encore trinqué !

– Trinqueau : les braqueurs trinquent à ta santé !

– Trinqueau Triquard !

– Trinqueau : l'as de la traque !

– Trinqueau Trimballé, Trinqueau Tringlé, Trinqueau Tricoté !

Tels étaient les titres ravageurs qui ridiculisaient la BSD (la Brigade des Séniors Délinquants) dont Trinqueau était le chef incontesté et incontestable depuis dix ans. Seulement, les flics s'interrogeaient : « Comment arrêter ceux que l'on avait surnommés le *Gang des Prostites* ? » On n'allait tout de même pas contrôler tous les vieillards qui fréquentaient les thés dansants, on n'allait tout de même pas mettre un policier dans toutes les guinguettes, dans toutes les soirées Loto et les soirées Dominos ! On ne pouvait même pas installer des portiques sécurisés, car, tout comme le boîtier utilisé par le gang, ceux-ci risquaient de détraquer les pacemakers ! On ne pouvait pas non plus interdire les manifestations aux détenteurs de ces appareils ; en faisant cela, on aurait tout simplement vidé les lieux…

Les braquages se poursuivirent inlassablement jusqu'au jour où, le 15 février 2017, eut lieu ce qu'on appela par la suite le Casse du siècle ! Ce jour-là, il y eut foule à la salle polyvalente de Binancourt-sur-Ochon ! En effet, Stone, la chanteuse grabataire, interprète des tubes *L'Aventura*, *Made in Normandie* ou encore du non moins célèbre *Je préfère et de loin les vieux Camemberts coulants*, devait y effectuer un tour de chant monumental ! Le show allait être retransmis sur Pascal Sevran TV et l'événement avait rameuté tous les anciens des environs. On avait, par précaution, interdit la manifestation aux vieux célibataires. Les hommes de Trinqueau étaient présents partout dans la salle. Les caméras de télévision aussi. Le Gang des Prostites ne pouvait pas frapper ! Et pourtant, il le fit. Voici comment le braquage se déroula : Jeanine Blanquette arriva déguisée en veuve noire, voilette posée sur son visage ridé. Elle avait installé Ginette sur un fauteuil roulant. Les deux mamies passèrent les barrages sans problème, mais il se produisit un événement qui faillit tout faire capoter : alors qu'elles pensaient en avoir terminé avec les fouilles, Trinqueau, dont le flair de blaireau-flic était toujours en alerte, les arrêta :

— Mesdames, excusez-moi, veuillez ouvrir votre poussette de marché, leur demanda-t-il d'un ton autoritaire.

Les deux amies tressaillirent. En effet, le boîtier qui leur servait d'arme était à l'intérieur, dans une pochette rose… Trinqueau ouvrit la poussette, en inspecta le contenu. Il tomba sur la pochette et demanda :

— C'est quoi cette pochette rose ?

Jeanine prit sa voix la plus mielleuse :

— Monsieur l'agent, vous n'allez tout de même pas entrer dans l'intimité d'une vieille femme. Comprenez que je suis veuve depuis dix ans, alors parfois on s'ennuie, inspecteur, susurra-t-elle en le regardant d'un air sensuel.

Elle ôta des mains de l'inspecteur la maudite pochette, l'ouvrit et en sortit un lapin vibromasseur qui troubla Trinqueau. Jeanine poursuivit :

— Si je n'arrive pas à trouver un compagnon ce soir, quand je rentrerai chez moi, je me ferai un petit plaisir. Il n'y a rien de mal à cela, Monsieur l'inspecteur ?

— Non non, répondit celui-ci au bord de l'apoplexie.

— À moins que vous souhaitiez être mon cavalier, Monsieur l'inspecteur ? questionna, câline, Mémé Blanquette.

Les deux amies furent prestement autorisées à rentrer dans la salle… Marceline Fricatelle, elle, n'eut pas à forcer les barrages. Installée au comptoir du *Balto* deux heures auparavant, elle avait payé verre sur verre à Stone qui était arrivée titubante à la salle polyvalente, en tenant bras dessus bras dessous sa nouvelle pote avec qui elle allait sur scène faire un feat sur *L'Aventura*. La soirée se déroula comme prévu : Stone, bourrée, assura tout de même le show en play-back. Les quelques couples de vieux qui dansaient ne lui en voulaient même pas : la star avait vieilli avec eux, ils l'aimaient davantage à présent, car c'était comme si le naufrage auquel ils assistaient la rendait plus accessible. Tous embarqués sur le Titanic, il y avait dans la salle polyvalente de Binancourt-sur-Ochon comme un air de dernière danse, moment paisible juste avant l'ultime catastrophe. La joie rayonnait sur les visages, seuls les sbires de Trinqueau conservaient leur tête des mauvais jours. Le vin coulait à flots, les anciens mangeaient goulûment. Le dessert passa, puis le café. La star entama *L'Aventura*. On sortit le digestif. Les flics se détendirent : de toute façon, le Gang des Prostites avait l'habitude de faire leurs coups au moment du dessert. Et puis ils étaient flics, alors ils ne disaient pas « non » à quelques verres ! La veuve invita plusieurs policiers à danser, tandis que la fameuse copine de Stone (renommée par tous les poulets « Sheila ») fit de même. Les policiers s'en amusèrent ; seulement, au moment où Stone s'écroula sur la scène après un dernier verre de whisky pris entre deux chansons, Jeanine Blanquette enleva son voile noir et hurla à la salle son traditionnel :

— Silence les moules, ceci est un braquage !

Trinqueau et toute sa clique voulurent dégainer… mais leurs poches étaient désespérément vides… Quelqu'un leur avait subtilisé leurs armes ! Ils repensèrent tout d'un coup à ces deux mamies peloteuses coquines ! Ils relevèrent la tête, Ginette Python les regardait tous avec un air de triomphe en brandissant un sac *Carrefour* ou *Leclerc* ou *Lidl* ou *Aldi* ou *Auchan* ou *Biocoop* contenant leurs bijoux de famille ! Le Gang des Prostites s'empara de la caisse, tint en joue policiers et séniors. Les braqueuses repartirent aussi tranquillement qu'elles étaient venues, prenant en otage Stone allongée sur un brancard. Elles lâchèrent celle-ci quelques heures plus tard sur une route abandonnée. Encore une fois, le Gang s'était joué de Trinqueau ! Il fut démis de ses fonctions le lendemain…

Pourtant, à partir de ce jour-là, on n'entendit plus parler du Gang des Prostites. Les mamies-braqueuses disparurent sans bruit, sans violence, mais en pleine gloire. À Binancourt-sur-Ochon, les rumeurs circulaient à la vitesse d'un cheval galopant sur l'hippodrome de Longchamp : on les imaginait tantôt aux Baléares, tantôt aux Seychelles, aux Maldives, certains prétendaient même les avoir aperçues dans les ruelles de Conches-sur-Nouche. La police les traqua sans relâche, allant de fausses pistes en fausses pistes… De leur côté, Bernadette et Bernard continuèrent à trimer nuit et jour tandis que Valburge et Frédégonde durent, elles aussi, se mettre au travail. L'ambiance de la famille était des plus moroses. Ils avaient dû vendre leur pavillon et ils vivaient tous entassés dans une yourte norvégienne aux abords de la ville. Un beau jour, un mercredi plus exactement, Bernadette reçut une lettre qui provenait d'un ailleurs non identifié. Le cœur battant, pensant à sa maman fugitive, elle déchira l'enveloppe… Un petit mot doux y figurait :

« *Pour toi, pour Bernard et pour mes deux petites filles.* »

— Mon Dieu ! s'écria Bernadette, folle de joie. C'est un chèque, c'est un chèque !!

Et elle brandit le papier fétiche en appelant son mari et ses enfants :

— Nanar, Vaval, Fréfré, venez voir, Mémé a enfin pensé à nous, elle nous a envoyé de l'argent !

Et elle se mit à sauter et à hurler dans le coin cuisine de la yourte ! Au bout de l'excitation, sous le regard des trois hyènes qui tentaient de contenir leurs rires, elle déplia le chèque… Ce qu'ils aperçurent leur glaça le sang :

00000000000

À Bernadette, Bernard, et leurs enfants   0,00

Fait à Zéro

Le 00/00/00

Stupéfaite, Bernadette retourna le chèque et contempla le verso : sur une plage de sable fin, elle vit les trois amies Jeanine, Ginette et Marceline qui s'offraient un verre de Mojito devant une mer bleu turquoise. Mémé Blanquette apparaissait tout sourire, tenant de la main gauche une paille multicolore. Au premier plan, on voyait surtout le doigt d'honneur qu'elle adressait à toute la famille. Sous la photo, au feutre noir, la vieille bique avait également écrit un petit message personnel :

« Daughter Fucker ! »

Vive la mariée

C'était en 2002, pendant l'été de mes dix-huit ans. Je venais d'obtenir mon bac sans vraiment briller, mais c'était déjà un miracle, car je n'avais absolument rien fait pour l'avoir ! Je me souviens avec précision de l'après-midi où Julien, Étienne et moi, motivés comme jamais, bien décidés à laisser derrière nous toute une année de fainéantise, de pétards et d'alcool, nous nous étions donné rendez-vous chez Julien avec nos trieurs d'élèves vachement sérieux. Nous étions arrivés dans sa chambre après avoir monté l'escalier du salon sous les regards emplis de fierté de sa maman et de ses amies qui avaient dû se dire entre deux tasses de café :

— Dis donc, ces garçons-là, ce sont vraiment des bosseurs !

— Dis donc, t'en as bien d'la chance Annie, ton gars, il ira loin avec des copains aussi matures !

Dix minutes plus tard, Julien roulait un épais cône magique qui nous plongea aussitôt dans une torpeur d'étudiants effectivement super sérieux ! Il faut dire que nous ne pouvions rien faire d'autre… En entrant dans la chambre de notre camarade, nous avions pourtant essayé de travailler, mais nous manquions de matière :

— Bon, les gars, avait lancé Étienne, ultra-motivé, on va commencer par l'histoire-géo, ça vous dit ? Bon, Flo, fais voir tes cours !

— Ben j'suis désolé les mecs, mais moi, en fait, j'ai que dalle ! Sur mes feuilles, y a que des poèmes pourris sur les profs et des histoires à la con, j'pense que ça va pas nous servir à grand-chose !

— Bon, Ju, vas-y, fais voir ce que t'as !

— Ben j'suis désolé les mecs, moi sur mes feuilles, y a que des bites géantes et des culs XXL !

Étienne n'ayant rien à nous proposer non plus, notre seul et unique après-midi de révision se transforma en aquarium géant ! Lorsque j'étais descendu de l'escalier, complètement défoncé, la mère de Julien m'avait lancé :

— Dis donc, quatre heures de révision, tu dois avoir le cerveau en compote ?

Je lui avais répondu, en lui lançant un regard de Chinois sous *Tranxen* :

— Oh oui Madame, vous pouvez pas imaginer à quel point !

J'avais quand même obtenu mon bac, avec un 17 en philo, résultat qui fit la fierté de mes parents, et m'assurait un avenir brillant : j'allais entrer à l'Université de Caen, m'inscrire en première année de philosophie, et je deviendrais prof, comme l'Unique, l'Incroyable, le Génial Michel Onfray ! Ah, que j'étais jeune à l'époque, que j'étais beau, avec mes lunettes triple foyer, mon corps sous *Biactol* et mon appareil dentaire façon SNCF !! Mon diplôme en poche, j'avais passé le mois de juillet à la Biscuiterie du Mont-Saint-Michel, où l'on m'avait filé un job vachement intéressant : je devais mettre des sachets de sablés au chocolat dans une boîte pendant huit heures d'affilée. Heureusement que j'avais Jeannot à côté de moi, trente ans d'ancienneté, qui m'expliqua que « les sachets, valait mieux les mettre par trois que par deux parce que si t'en mets qu'un ou deux, ben tu remplis pas la boîte assez vite » ! Un génie de l'efficacité économique, ce Jeannot !

Après un mois d'août passé avec mes potes à Jullouville, j'étais revenu chez mes parents, car nous devions nous rendre au mariage de mon cousin et de Marie-Françoise, une très grande blonde aux formes très très généreuses. Le mariage se déroulait le samedi et le lundi, je devais me rendre à Paris pour passer le concours de Sciences Po. Oui, à l'époque, je rêvais d'être un homme politique d'envergure, de changer le monde, d'agir pour le Bien de la Patrie ! Dans ma chambre figuraient les portraits du Général de Gaulle, de Pierre-Mendès France, d'André Malraux, de Najat Vallaud-Belkacem et de Jean-Vincent Placé.

Nous partîmes de bon matin pour la Bretagne avec mes parents et mon frère. Arrivés là-bas en début d'après-midi, nous assistâmes à la signature du contrat de mariage à la mairie, puis à la cérémonie religieuse, en nous posant constamment, avec mes cousins et mon frère, la même question existentielle :

— C'est quand qu'on passe au vin d'honneur ?

L'arrivée de celui-ci (à l'heure exacte de l'apéro) signifia le vrai coup d'envoi des festivités. À vrai dire, tout se déroula à merveille jusqu'au passage à table : j'étais avec mes cousins, nous nous rappelions nos séjours d'été dans la ferme de mon oncle, entre les round ballers et les vaches bretonnes, et nous enchaînions les coupes de champagne. Mais au moment de la lecture des fameuses étiquettes (cet instant fatidique où tout le monde retient son souffle et prie pour ne pas être à côté d'un connard ou d'une connasse), il y eut un drame imprévu : sur le plan de table, les mariés ne m'avaient pas placé à côté de mes cousins, mais ils m'avaient isolé à côté de prénoms inconnus ! Stupéfait, je me lamentai sur mon sort quelques minutes avant de me ressaisir : « Merveilleuse Marie-Françoise », me dis-je plein d'espoir ! « En fait, elle m'a placé près d'une de ses nièces super ravissante ou d'une de ses cousines sacrément mignonne, sans doute la superbe blonde que j'ai aperçue au vin d'honneur, la blonde sur laquelle on a tous flashé, la jeune beauté qui porte une robe couleur zèbre moulante et qui ne demande qu'un redoutable lion comme moi pour l'attraper et lui déchirer l'étoffe avec mes grosses pattes de roi d'la jungle ! Oui, bien sûr, cette jolie blonde pulpeuse qui lit sûrement Nietzsche dans le texte d'origine et avec qui je pourrais parler philo pendant le trou normand, littérature pendant le poisson, poésie pendant la viande, amour sur la musique de Jean-Michel Jarre au moment de la présentation de la pièce montée et fellation-levrette dans les toilettes pendant la soupe à l'oignon y croûton !! »

J'étais en train de lire le prénom « Amélie » sur le plan de table en contemplant la jolie blonde qui discutait près de la sono avec Marie-Françoise… Celle-ci devait lui dire : « J'ai installé à côté de toi un poète, un philosophe, un mec de ton âge qui a en plus une voix exceptionnelle et qui va chanter ce soir ! » Oui, car c'était ma spécialité ! À toutes les fêtes de famille, je poussais la chansonnette, et Marie-Françoise adorait ma voix ! « T'inquiète Amélie », pensai-je encore, « dans quelques heures, je ferai résonner mes cordes vocales et celles-ci seront les lianes que Tarzan tend pour enlever Jane, puis nous partirons loin de la jungle, oubliant Chita et les bruits infâmes de la civilisation ! Je te déposerai sur une feuille de baobab, j'enlèverai mon boxer léopard et je te retirerai ton monokini panthère et nous ferons l'amour loin des griffes de Shere Khan et du beau-gosse Mowgli !! » C'est donc la tête dans les étoiles que je m'installai, pour l'instant seul, lançant un regard narquois à mon frère et à mes cousins qui signifiait : « La jolie blonde mes p'tits potes, ce soir, elle est pour moi !! »

Hélas, cinq minutes plus tard, mon frère me renvoya comme un boomerang mon regard moqueur, car la jolie blonde était assise à côté de lui, et moi, je ne comprenais pas pourquoi, on m'avait assis à côté de la famille Addams : un frère et une sœur croque-morts aux teints de cadavre et aux tronches d'enterrement ! Amélie n'était pas du tout l'adorable blonde à la robe couleur zèbre moulante, mais plutôt une girafe frigide aux yeux d'antilope strabique et au bec d'autruche mal baisée. Elle était accompagnée de son frère Charles-Édouard qui lui ressemblait comme deux gouttes d'eau dans une flaque de pisse, une sorte d'autruche au cou démesurément long et au bec bouffeur de graines ! Au bout de la table, mes cousins et mon frangin étaient devenus pour moi des hyènes qui riaient et trinquaient en se foutant de ma gueule ! Apercevant mon désarroi, Marie-Françoise vint me voir, enlaça les deux autruches et s'exclama avec d'enthousiasme :

— Florian, je t'ai mis à côté de Charles-Édouard et Marie-Amélie. Ils sont tous les deux étudiants à Polytechnique. Toi qui t'intéresses à tout, je suis sûr que ça va aller. Vous allez voir, Florian, c'est impressionnant, il connaît tout sur tout. Entre intellos, vous allez bien vous entendre…

« Intello mon cul, Marie-Françoise », étais-je prêt à lui répondre. « Non non, en fait je lis jamais, je suis aussi con que Stéphane Pizza, un véritable abruti, je passe mon temps à fumer des pétards et à boire de la bière, non sérieux Marie-Françoise, me fais pas ça, pas toi, remets-moi à côté de la robe couleur zèbre moulante, allez Marie-Françoise, dis-moi qu'tu bluffes, allez Martoni, tu bluffes, non ? »

Hélas, la mariée ne bluffait pas… Elle s'en alla en me laissant avec les deux croque-morts !! Je vécus dès lors un enfer : le frangin et la frangine ne parlaient pas, ils ne souriaient pas, ils répondaient à peine… Je pris mon courage à deux mains et leur posai quelques questions. Horreur-malheur, ils ne s'exprimaient que par monosyllabe :

— Alors comme ça, vous êtes tous les deux à Polytechnique ?

— Oui.

— Et alors c'est bien là-bas ?

— Oui.

— C'est à Palaiseau, dans l'Essonne, c'est ça ?

— Oui.

— Vous êtes en coloc ?

— Oui.

— Et vous avez choisi quelle option ?

— Oui.

— Et vous voulez travailler dans quel domaine plus tard ?

— Oui.

— Et sinon, ça vous arrive de prononcer autre chose que le mot « oui » ?

— Oui.

Au bout d'un moment, devant la pauvreté de leurs réponses et le vide de leurs regards, je choisis d'empoigner la carafe de vin rouge et de m'enquiller quelques verres ! La carafe y passa, puis une deuxième… Dans mon ivresse, je me disais que la seule qualité des deux autruches était de ne pas picoler et de me laisser ainsi tout le loisir de terminer leurs trous normands. Quand arriva le dessert, j'étais complètement soûl, je n'essayais même plus de parler aux morts ; de toute façon, ma bouche était devenue si pâteuse que j'étais incapable de prononcer deux syllabes parfaitement construites. J'apercevais vaguement mes cousins et mon frère au bout de la table : les lignes de la robe couleur zèbre se chevauchaient bizarrement devant moi. Mon adorable frangin intercepta mon regard, et c'est le moment qu'il choisit pour me trahir ! Il se leva, se dirigea vers la sono, prit le micro et balança à toute l'assemblée :

— Bon, c'est le moment que vous attendez tous… La chanson de Florian !!

J'avais beau secouer la tête en l'implorant de mes yeux torves, mon cher frérot continua :

— Oui, c'est bon, il me fait signe, il est prêt ! Je crois qu'il va interpréter une chanson spécialement pour la mariée. Une chanson de la comédie musicale *Notre-Dame de Paris*. La chanson s'appelle *Belle*, vous la connaissez tous. *Belle*, c'est ça, Florian ?

À cet instant, je vis la jolie blonde sourire et applaudir, alors je ne sais pas pourquoi, brusquement, je me suis cru capable de le faire… Je me suis cru capable de chanter et de la conquérir ! Je me levai, empoignai le micro avec courage, en remerciant bien entendu mon adorable et très cher frangin. Il y eut un grand silence, le DJ lança la musique. J'essayai d'apercevoir la mariée, mais je ne distinguai qu'une tache blanche parmi d'autres taches…

Ce qui devait arriver arriva… La bouche pâteuse, j'émis des sons, mais ces sons ressemblaient plutôt à des bruits de mollards qu'à des notes de musique. Cela donnait quelque chose comme : « Chelle, ché un bo kon bibait binbenber chour… Chelle… » En plus, comme je ne me souvenais plus des paroles, je prononçais toujours la même phrase. Mais je continuai, continuai, pensant qu'au bout d'un moment, ça reviendrait. À la fin de la chanson, là encore, je ne sais pas pourquoi, ridiculement bancal et manquant de m'exploser la tête contre une enceinte, j'avisai l'assemblée et je balançai ma seule phrase correctement prononcée : « Marie-Françoise, tu m'fais vibrer… »

Après ce magnifique tour de chant, je me précipitai aux toilettes pour dégobiller les quatre ou cinq verres de champagne, les deux carafes de rouge et les trois trous normands que j'avais ingurgités. À genoux, une cuvette *Jacob Delafon* en guise d'auréole, je voulus me remettre debout et sortir des chiottes (dans mon ivresse, je croyais encore possible la conquête de la jolie blonde, bien sûr, il me restait la piste de danse…), mais je ne parvins pas à ouvrir le verrou, j'avais l'impression qu'il tournait dans le vide. Au bout d'un moment, je me décourageai et m'affalai de tout mon long sur le carrelage.

Quelques minutes ou quelques heures plus tard, la porte s'ouvrit et j'aperçus mes deux tantes qui me lancèrent :

— Ben Florian, qu'est-ce que tu fous là ?

On me coucha dans la voiture de mes parents. Il était deux heures du matin… L'adorable blonde, elle, termina la soirée dans les bras de mon frère…

Le lendemain, ma tante m'emmena à Paris et je passai le lundi matin l'épreuve de philosophie du concours Sciences Po. Cela portait sur un texte de Kant que j'eus du mal à comprendre, l'esprit encore embrumé par les vapeurs spiritueuses.

Le midi, je rencontrai une candidate dont le père avocat travaillait au barreau de Paris. Elle m'expliqua qu'elle avait révisé tout le week-end. Je repensai en l'écoutant à ce mariage et à ma déclaration grotesque : « Marie-Françoise, tu m'fais vibrer ! » Le lundi soir, ma mère m'appela pour me demander des nouvelles et me raconta le repas du dimanche midi auquel je n'avais pas assisté, car ma tante et moi étions partis à onze heures. Elle m'expliqua qu'elle était assise à côté d'un homme avec qui elle avait sympathisé et qui lui avait dit au cours de leur conversation : « Ah, je ne savais pas que c'était votre fils qui avait fait le p'tit sketch hier soir. Dis donc, qu'est-ce que c'était drôle ! Ah oui dis donc, il est marrant votre gars, il joue vachement bien ! »

En définitive, la majorité des gens présents au mariage avait cru que j'avais effectué un numéro façon Bourvil et son « alcool non, mais l'eau ferrugineuse oui » ! Et vous savez quoi ? L'homme qui m'avait trouvé des talents de comédien s'appelait Claude Lemière. C'était l'oncle de Marie-Françoise et surtout, surtout… le père de la jolie blonde à la robe couleur zèbre…

Ainsi va la vie : j'avais fait rire le père, mon frère s'était tapé la fille…

L'amour courgette

Évidemment, comme toujours en pareil cas, il y eut des vieux réacs qui montèrent au créneau et qui vouèrent aux gémonies Ludmila Von Stravinsky, transformant la jeune fille en égérie infâme de notre époque moderne ! Éric Mamour intervint sur la chaîne d'info Qatar News pour formuler un discours sur la déchéance du mâle alpha ridiculisé par cette affaire sordide ! Sur Internet, un torrent de haine se déversa sur la pauvre femme, on la traitait au mieux de « connasse », au pire de « salope », si bien que la ministre de la Morale Publique et Privée Madgalena Scopitone fut obligée d'écrire une tribune dans le journal *Libations* dans laquelle elle fulminait contre les « forces obscures et rétrogrades qui tentaient de mettre fin au processus d'épanouissement de tous les êtres vivants de notre chère planète bleu Klein » !

Alors bien sûr, il y eut des agriculteurs qui affirmèrent que si Ludmila Von Stravinsky aimait tant la nature, elle n'avait qu'à quitter son deux pièces dans le 7e arrondissement au pied de la tour Eiffel pour venir s'installer dans la Creuse ou dans le Loir-et-Cher de Michel Delpech, là où l'on « marche dans la boue » sans talons aiguilles : « Elle n'a qu'à venir chez nous mettre ses petiotes mains dans l'fumier au lieu de nous emmerder avec ses discours de merde », remarqua subtilement Jean-Michel Fritas, le porte-parole de l'association « Patates en colère ». Les catholiques, eux aussi, en voulaient à Ludmila. Ils l'accusaient de ridiculiser le mariage, œuvre sacrée : « Déjà que l'institution du mariage a été bafouée depuis qu'on a autorisé les pédés à porter une alliance et à se fourrer des crucifix dans l'derrière avec la Bénédiction du Christ Notre Seigneur », déclara le cardinal Vingtquatre après cinq ou six eucharisties au Saint-Émilion : « Et maintenant cette sorcière, cet antéchrist, cette Marie-Madeleine Strovinky qui souhaite non plus bafouer, mais bel et bien fouler aux pieds le mariage, en faire une farce jouée par guignol pour une société enfantine qui se joue de Dieu et pense que Notre Seigneur est un hochet avec lequel on s'amuse ! Non, trop c'est trop, trop c'est trop ! » s'écria-t-il devant le micro de Marie-Paule Marie, la célèbre journaliste de *L'Agneau de Dieu*. On fit des manifs, des pétitions ; on organisa des happenings, on sollicita les réseaux sociaux. On écrivit des banderoles, des pamphlets, mais Ludmila Von Stravinsky tint bon ! Il faut dire que l'amour, tel un petit pimousse, est capable, avec ses petits bras musclés, de soulever des montagnes :

« Love is all you need
Love is all you need… »

Ludmila von Stravinsky naquit en 1984 à Vonenberg, une petite localité du sud de la Bavière, non loin du château de Neuschwanstein érigé par le roi fou Ludwig II. Elle ne profita pas longtemps de la campagne bavaroise, car dès l'âge de six mois, elle déménagea avec ses parents à Paris où son père, ingénieur laborantin chez la firme *Monsanto*, avait été chargé de réorganiser le pôle Santé France. La petite famille s'installa dans un modeste douze pièces à deux enjambées de la tour Eiffel, rue de Montessuy, et la petite Ludmila put ainsi contempler chaque matin le célèbre monument traversé par les rayons du soleil. Même si, en tout et pour tout et en comptant son séjour à la maternité, elle ne resta que cinq mois et demi en Bavière, Ludmila affirme se souvenir des longues promenades effectuées dans les champs et dans les prés, sous les futaies immenses des chênes bavarois, entre les collines, les fleurs et les oiseaux, et elle dit souvent que là lui est venu sans doute son amour infini pour la Nature et pour tous les petits êtres qui la peuplent ! Elle raconte souvent qu'à trois mois, et alors que sa mère avait laissé sa poussette au milieu d'une clairière pour tenter d'attraper dans une broussaille de ronces quelques mûres des bois, un sanglier s'était arrêté devant sa poussette, intrigué, nullement menaçant, et lui avait léché les petons. Ludmila dit se souvenir à jamais de « la douceur de sa langue sur mes minuscules bottines blanches » ! Pour ses adorateurs, un destin à la Mowgli ; pour les sycophantes, une connerie de plus dans une vie de mensonges ! Pourtant, même si l'on peut être en désaccord avec Ludmila von Stravinsky sur ses choix existentiels, le fait de posséder des souvenirs à six mois, trois mois ou même à deux semble plausible. La talentueuse écrivaine Amélie Nothomb, dont l'intégrité et la sincérité ne peuvent être mises en doute, dispose même, selon ses dires, d'images intra-utérines. On l'a déjà entendue plusieurs fois en interview évoquer son compagnonnage avec le placenta ainsi que l'inconfort provoqué par un cordon ombilical trop envahissant. Paco Rabanne lui-même, dont la santé mentale ne peut aucunement être mise en cause, expliqua un jour qu'il conservait des souvenirs de sa conception et que tous les jours, au réveil, dans la glace de la salle de bains, il revoyait les multiples spermatozoïdes dont il se sentait l'assassin. Sur le plateau de l'émission *Le nombril des stars*, il prononça cette phrase reprise depuis par toutes les associations féministes : « Notre naissance est le résultat d'un horrible spermaticide. » Bien qu'elle ait passé toute son enfance dans une capitale de plus en plus polluée, au milieu des pots d'échappement, des cars de touristes ou des chauffards surexcités, Ludmila se souvient d'une jeunesse bucolique à courir sans arrêt dans le champ de Mars, à jouer à cache-cache dans le jardin des Tuileries ou à construire des cabanes en haut des arbres du parc Montsouris. « Paris, ville verte » aime-t-elle lancer à ses détracteurs, « championne de la Biodiversité » adore-t-elle répéter en boucle, comme un mantra, en démontrant brillamment qu'aucune ville en France n'abrite autant d'espèces de pigeons, de rats et de cafards musqués, citant pêle-mêle le pigeon cendré du Bois de Boulogne ou encore le rat napolitain de la Place d'Italie ! Ayant donc grandi dans un cadre naturel préservé, Ludmila développa très tôt un amour incommensurable pour tous les êtres vivants sur notre magnifique planète Terre : à trois ans, elle relâcha une guêpe que son infâme cousin Louis-Ebremond avait enfermée ; à six ans, elle sauva un papillon qui s'était écrasé contre les parois transparentes de son balcon-véranda ! À huit ans, et alors que ses parents la cherchaient partout, ils la trouvèrent avenue Jean Pelletier, ses bras enlaçant le seul arbre de la rue. Quand sa maman lui demanda d'expliquer son geste, la petite répondit, touchante : « Mais le pauvre, il va passer toute la nuit tout seul alors qu'il fait froid ! » Elle voulut ramener son nouvel ami à la maison pour qu'il dorme au chaud avec elle sous sa couette *Hello Kitty*, et elle éclata en sanglots lorsque sa mère lui avoua que si l'on arrachait Patrick (c'était le surnom que la petite avait attribué à ce chêne centenaire), il allait mourir, exactement comme Charles Aznavour ou encore Line Renaud ! À douze ans, sous son lit de petite fille, elle se lança dans un élevage de punaises, et lorsque le service d'hygiène de la ville de Paris (le fameux SDHDLVDP) vint nettoyer sa chambre, Ludmila traita ses membres d'assassins et compara leurs lances au Ziklon B utilisé par les Allemands pendant la Seconde Guerre mondiale. « D'ailleurs », proclame-t-elle aujourd'hui, « il faudrait un jour que tous les hommes reconnaissent enfin les trop nombreux génocides auxquels ils se livrent quotidiennement. En effet, les livres d'Histoire et les documentaires télévisuels pointent du doigt les monstres que sont Hitler, Staline et Mao Zedong, mais personne ne mentionne Raymond Anfray qui, le 7 septembre 1976, pendant un barbecue, a marché sur trois cent seize fourmis dont pas une ne survécut. Et personne non plus ne se souvient de Valentine Desmare qui, le 4 janvier 2012, à Garenne-sur-Garonne dans l'Ain, a pulvérisé une bombe entière d'anti-moustiques dans le dortoir où elle dormait avec ses trois frères, faisant plus de 40 victimes innocentes » ! Là-dessus, on ne peut que lui donner raison. En effet, aucun média n'a raconté ces deux crimes abominables ! Omerta complète !! Tandis que les spectateurs s'extasient sur l'émission *Silence ça pousse*, chaque jour, les massacres d'animaux se poursuivent et personne ne dit rien. On parle des migrants, des migrants, et rien, absolument rien sur les fourmis, rien sur les moustiques, et surtout rien sur les mouches pendues trop souvent le long de gibets jaunes par dizaines sans que ces potences infâmes n'empêchent les hommes d'ingurgiter leur Pastis du soir dare-dare ! Une honte !!

À vingt-cinq ans, Ludmila von Stravinsky eut une révélation : étudiante en Sciences et Techniques du Vivant à l'Université Paris XIII, elle rencontra un jeune homme prénommé Étienne dont les parents tenaient une ferme à Ménéac, en Bretagne ; le garçon invita son amie pendant les vacances. Pour la première fois de sa vie, Ludmila vit une vache, un veau, et même des poules ! Ce fut un émerveillement ! « Le second plus beau jour de ma vie », dit-elle devant les journalistes, « vous savez bien tous quel est le tout premier… » Elle découvrit les joies du potager et l'odeur du blé battu par le vent, elle arpenta en claudiquant les champs labourés et renifla avec plaisir les bouses laissées çà et là sur le bitume par les génisses brinquebalantes. Elle murmura à l'oreille des bovins, elle exécuta également devant les enclos quelques pas de danse, étant persuadée que les bêtes étaient elles aussi réceptives à l'art humain. Elle joua donc *Phèdre* devant Marguerite, une belle Normande à la robe brune et blanche, et déclama devant quelques taureaux le célèbre monologue du Cid : « O rage ô désespoir, ô vieillesse ennemie ! » Encore aujourd'hui, elle reste persuadée qu'à la fin du dernier vers, elle a aperçu l'un d'eux, surnommé depuis Rodrigue, la larme à l'œil et la truffe humide ! Elle partit de la ferme transformée, un peu en froid avec Louis, le père d'Étienne, car le dernier jour des vacances, elle avait voulu lui expliquer qu'il traitait mal ses bêtes, et « qu'il n'avait de cesse de les maintenir dans leur basse condition d'esclaves, alors qu'il devrait s'échiner à leur donner une pleine conscience de leur milieu social et de leur aliénation quotidienne » ! Le père Louis, en entendant cette Parisienne qui lui conseillait d'emmener ses vaches au théâtre voir *Antigone* de Jean Anouilh, se contenta de répondre : « Qué n'a à foutre de ton Jean d'mes couilles, mes vaches, a sont ben comme ça. J'vas pas leur payer une place à chacune, v'la t'y pas l'troupeau que j'ai à c't'heure !! » Encore un de ces vieux réacs mal dégrossis !

Ainsi, Ludmila von Stravinsky atteignit l'âge de trente ans, le cœur et le corps remplis de tendresse pour l'ensemble du monde vivant. C'était une jeune fille convertie depuis longtemps au véganisme et qui collectionnait les amants herbivores. Elle vivait une existence paisible de Parisienne hippie-bohème, entre Brunch Apérol-Street et Pod'Ex à Beaubourg. Jamais, selon ses dires, elle n'aurait imaginé ce qui lui arriva le 26 août 2014… Ce jour-là, il faisait beau et chaud dans les rues de Paris, les vacances n'étaient pas encore terminées, la capitale conservait ce calme estival très agréable avant la tempête de la rentrée ! Ce jour-là, Ludmila von Stravinsky faisait son petit marché hebdomadaire chez *Cruchon*, l'épicerie bio la plus sélecte de Paris, quand elle éprouva en plein milieu du rayon légumes la même chose que l'actrice Claire Forlani lorsqu'elle aperçoit Brad Pitt dans le film *Rencontre avec Joe Black*, la même chose que Serge Reggiani dans *Casque d'or* lorsqu'il aperçoit la chevelure dorée de la ravissante Simone Signoret : un éclair, un coup de foudre… Pour Ludmila, ce foudroiement prit l'apparence d'une courgette *Golden Rush* jaune au fin fond d'un panier en osier… « Et leurs yeux se rencontrèrent… »

On ne peut imaginer, « sauf quand on l'a réellement vécu », dit souvent Ludmila, « ce que c'est que de tomber amoureuse, je veux dire vraiment, de comprendre en un bref instant, même l'espace d'une microseconde, qu'un être quel qu'il soit est fait pour vous, entre dans votre vie comme un coup de tonnerre pour ne plus jamais en sortir. On reste tout à coup groggy, comme saisi par une nouvelle qui nous cloue sur place ou comme devant l'apparition d'un magnifique paysage, après deux ou trois heures de randonnée sans rien voir d'extraordinaire, comme ça, au bout d'un chemin ou peut-être après avoir franchi un sommet, en pleine chaleur, suant et dégoulinant, apercevant une étendue d'eau baignée de soleil ! Ce jour-là, devant Morgane, j'ai éprouvé cela ! Elle était au fond de son panier en osier, elle ne me regardait pas, elle ne faisait pas attention à moi, mais moi déjà je l'avais dans la peau et je me mis à frissonner de tout mon corps » !

C'est ainsi que débuta l'histoire d'amour entre Ludmila et Morgane, une adorable courgette d'à peu près douze centimètres, blonde et fraîche comme un lundi sous le soleil de novembre, douce au toucher, à la peau suave, riche en rutine et en caroténoïdes, aux graines voluptueuses, entourée d'une chair onctueuse et légèrement dorée. Les premiers instants d'hébétude passés, bien sûr, Ludmila se ressaisit et acheta son amoureuse. Elle l'emmena chez elle et lui prodigua moult et moult caresses. Comme des tourtereaux au début de leur passion, les amantes ne quittèrent pas le lit nuptial pendant une quinzaine de jours. Alors que ses amies l'appelaient pour sortir, Ludmila, emportée par la folie de l'amour, n'avait pas peur de répéter : « Non c'est mort, je peux pas en ce moment ! Je viens de tomber amoureuse d'une courgette, et en ce moment, c'est le Big Love ! On passe tous nos week-ends ensemble ! » Sur le coup, bon nombre de ses amies ainsi qu'une bonne partie de sa famille crurent que

Ludmila venait de découvrir une incroyable et nouvelle beuh hollandaise spéciale vegan, et se dirent qu'un jour ou l'autre, elle descendrait de son arbre à trip ! Mais ses parents, son frère et ses oncles la virent débarquer le soir de Noël, 24 décembre 2014, tenant dans les mains un panier en osier et déclarant fièrement : « Je vous présente Morgane, mon amour ; ça fait deux mois que nous sortons ensemble et nous allons nous marier ! » Se marier avec une courgette, son père n'en crut pas ses yeux ! Bien sûr, il était habitué aux multiples facéties de sa fille et il se montrait en général indulgent avec elle. Ce scientifique réputé se laissait faire, lorsque sur le balcon de leur résidence secondaire, à Dénia, elle l'empêchait de tuer les mouches qui s'attaquaient aux sardines grillées sous prétexte que l'une d'entre elles pouvait être la réincarnation de Mamie Nénette. Mais là, lorsqu'il écouta sa fille leur parler des préparatifs du mariage, de la location de la salle, de la cérémonie à l'église et de l'alliance un peu plus grosse qu'il faudrait fabriquer pour sa cucurbitacée chérie, il ne put se retenir :

— Mais enfin voyons Ludmila, tu ne vas pas te marier avec une courgette !

— Ben pourquoi pas ? lui répondit sa fille, du tac au tac.

— Mais bon sang, Ludmila, c'est un légume !

Un débat fiévreux débuta entre le père et la fille :

— Et alors papa, pour toi, un légume, ce n'est pas un être vivant ? s'offusqua la fille.

— Ben non, pas vraiment, c'est un légume, ça ne vit pas !

— Cela ne vit pas un légume ? Pourtant cela naît, cela grandit et cela meurt !

— Bien sûr, Ludmila, mais nous ne sommes pas de la même espèce !

— Et dis-moi pourquoi doit-on se marier avec un individu de la même espèce ! Je suis pansexuelle, j'aime tous les êtres vivants, je revendique le droit de tomber amoureuse d'un homme, d'une femme, d'un chien et même d'une courgette, et même d'une tulipe si j'en ai envie !! Ce qui compte pour moi, ce n'est pas l'espèce, c'est la personnalité !

— Eh bien justement, répliqua le père, ta courgette n'a aucune personnalité, elle n'a pas de caractère, elle ne parle même pas…

— Parce que les muets pour toi n'ont pas de personnalité ?

— Mais Ludmila, voyons, je parle de posséder un langage ! Je ne sais pas moi, merde, c'est un légume !

— Un légume, Papa, est, comme tout être vivant, unique et possède une personnalité ! Nous avons trop longtemps vécu dans un monde fermé, anthropocentré et pas suffisamment ouvert à la Nature environnante. Nous hiérarchisons la faune et la flore selon nos critères. Pour moi, il n'y a pas d'espèces, il n'y a que des êtres vivants sur Terre. Et si nous sommes tous sur Terre, c'est pour cohabiter ! Je ne vois pas pourquoi un yorkshire ne pourrait pas s'accoupler avec un grizzly, et je ne vois pas au nom de quoi on pourrait interdire le mariage entre une femme et une courgette !

Poussé dans les cordes, son père n'eut pas la force de répondre : il ne voulait surtout pas gâcher le repas de Noël. Bien sûr, Ludmila refusa de manger de la dinde et pesta contre cette société carnivore. Courroucée, elle repartit avec son panier en osier, bien décidée à se marier avec l'élue de son cœur. Trois jours après, elle se rendit à la mairie du 7e arrondissement où la secrétaire, Évelyne Froissard, la reçut chaleureusement. Mais quand Ludmila exposa le motif de sa venue, la fonctionnaire éclata de rire. Lorsque la jeune femme, très sérieuse, réitéra sa demande, Évelyne appela coup sur coup le maire plus trois collègues qui traînaient dans le couloir. Ludmila renouvela sa demande : les cinq personnes explosèrent de rire et le maire sortit du bureau de sa secrétaire en tenant des deux mains son bide-Gérard Larcher ! On chercha partout la caméra cachée…

L'amante passionnée, émue aux larmes par cette humiliation, sortit en courant. Heureusement, arrivée chez elle, Morgane fut là, calme et câline…

L'affaire fit grand bruit ! En effet, la jeune fille offensée contacta les associations antispécistes ainsi que les artistes Annie Sprinkle et Beth Stephens, connues pour leur concept d'écosexe (la possibilité d'avoir un rapport sexuel avec n'importe quel être vivant). Pour défendre sa cause, elle créa elle-même une association, *Love Vegetable Love* qui, en quelque temps seulement, atteignit la centaine d'adhérents. Sur les réseaux sociaux où elle exposa son projet, elle reçut des milliers de soutiens, et sur *Twitter*, on créa un hashtag *#MariageCourgette*. Ludmila fut invitée sur les plateaux télé où elle révéla les détails de son histoire d'amour avec Morgane. Elle avait réponse à tout et se découvrit un talent d'oratrice. À ses contradicteurs qui lui déclaraient :

— Mais voyons, Mademoiselle, cette courgette ne vous aime pas ! Comment savez-vous d'ailleurs si elle est d'accord ou pas pour se marier ?

La jeune fille rétorquait, sûre d'elle :

— Il y a des regards qui ne trompent pas !

— Mais voyons, Mademoiselle, cette courgette ne vous regarde pas !

— Mais faut-il, Monsieur, avoir des yeux pour regarder ? Moi je dis qu'on peut regarder avec son âme.

— Mais cette courgette n'a pas d'âme !

— Vous prétendez, Monsieur, que cette courgette n'a pas d'âme ? Je prétends moi que tout être vivant possède une âme, cette courgette est un être vivant donc elle possède une âme, une âme qui m'aime et que j'aime !!

L'affaire provoqua tant de remous qu'il se trouva un maire opportuniste ainsi qu'un prêtre bon samaritain pour célébrer le mariage. Les membres des associations antispécistes furent bien sûr invités à la noce ; le curé et l'édile furent acclamés par la foule pour leur progressisme visionnaire. La cérémonie fut magnifique : l'une des mariées était en blanc, l'autre en jaune moutarde… Elles ouvrirent le bal ensemble et les convives virent avec émotion Ludmila enlacer, l'espace d'un slow torride, sa dulcinée cucurbitacée. Seule ombre au tableau pour la révolutionnaire en jarretière : son père refusa de l'accompagner jusqu'à l'autel. Il s'enferma chez lui, ruminant son désespoir d'être un jour grand-père… Ce vieux décati ringard aurait dû pourtant assister au discours que prononça sa fille juste après la découpe de la pièce montée, car Ludmila, nullement affaiblie par le rude combat qu'elle avait mené au cours de ces derniers mois, proclama devant une assemblée enthousiaste : « Je suis heureuse aujourd'hui avec Morgane, mais je sais que je le serai davantage demain… En effet, nous avons décidé d'avoir un bébé ensemble. »

On ne sait qui des deux parents mettra au monde cet enfant-primeur…

Toto l'flingueur

Manolito Paoli naquit le 23 mai 1981 sur un tronçon de l'A84, entre Avranches et Rennes, alors que ses parents se rendaient à un grand rassemblement de gens du voyage dans le sud de la France. Mano et Silvia, son papa et sa maman, étaient en train d'écouter *Nostalgie* quand Silvia sentit des secousses qui n'étaient pas dues au bitume. Quelques minutes plus tard, elle accoucha avec l'aide de sa mère dans le lit d'une caravane miteuse, d'un petit dont on ne sut jamais véritablement le lieu de naissance exact, la maternité ayant au cours de l'accouchement traversé plusieurs communes.

Après sept années passées sur les routes durant lesquelles le petit Manolito fit beaucoup de rencontres et passa son temps dehors à jouer au foot sur tous les types de terrain (pelouse, parking, poussière…), ses parents décidèrent de se sédentariser à Conches-sur-Nouche. Ainsi, le petit Manolo se rendit à l'école entouré de gadjos qui maîtrisaient bien mieux la langue française que lui, petit nomade ayant plutôt fréquenté les bancs instables de l'école buissonnière. Manolito souffrait, la lecture et l'écriture étaient des supplices qu'il affrontait avec courage. En fin d'après-midi, lorsqu'il revenait chez lui, au lieu de faire ses leçons, il s'enfermait dans sa chambre et pleurait, pleurait, en tenant dans ses mains potelées les nombreuses cartes postales que ses parents lui avaient achetées à chaque fois qu'ils s'installaient dans une nouvelle ville.

Un jour, ayant oublié sa trousse dans la classe, il fit machine arrière dans le couloir et surprit son maître en train de discuter avec un autre professeur. Les deux hommes parlaient d'un élève de la classe qui leur posait des problèmes. Il entendit tout d'un coup son maître dire à son collègue : « Je vais lui montrer qui c'est Raoul. Aux quatre coins de Paris qu'on va l'retrouver, éparpillé par petits bouts, façon puzzle. Moi, quand on m'en fait trop, je correctionne plus : je dynamite, je disperse, je ventile ! » Manolito fut émerveillé par ce flot incroyable de paroles qui sortait de la bouche de son maître d'école. On aurait dit qu'il parlait un autre langage, une sorte de langue forte et musicale qui berçait et choquait en même temps ses oreilles. Toto entra dans la classe... Le professeur, surpris et gêné, le sermonna. L'élève apeuré reprit sa trousse, mais avant de partir, il eut le courage de demander à son maître :

— Monsieur, ça veut dire quoi ce que vous avez dit là ?

— Oh c'est rien, mon garçon répliqua l'enseignant, c'est rien, je disais des phrases que j'ai entendues dans un film.

— C'est quoi le film ? risqua Manolito

— Ah ça, mon garçon, tu le verras quand tu seras plus grand, ça s'appelle *Les Tontons Flingueurs* !

Cette phrase, d'apparence anodine, fit à la fois le bonheur et le malheur du petit Manolo ! Son bonheur tout d'abord, car il se mit à louer tous les DVD des films d'Autant Lara, d'Henri Verneuil, de Marcel Carné, enfin tous ceux dont les dialogues étaient composés par un certain Michel Audiard ! Ce dernier devint son idole : le garçon apprit par cœur des répliques entières ! Du jour au lendemain, le « petit Manouche », comme le surnommaient avec mépris ses camarades de classe, devint le petit prince de la langue française ! Sauf que cette passion, même si elle contribua à son intégration, fut, par la suite, à l'origine d'une cascade d'ennuis...

En effet, à partir de onze ans, Manolito se mit à considérer la vie comme un film d'Audiard et il infligea dès lors à son entourage des saillies redoutables. Un jour, il partit pêcher avec ses cousins. N'ayant rien pris dans la rivière, ces derniers décidèrent d'aller tester leurs lignes autour d'un étang qui appartenait à l'un de leurs voisins, propriété interdite, et qui était protégée par un grillage. Lorsque son cousin Pascuale l'exhorta à venir avec eux, Manolito refusa. Devant ce refus, le grand Pascuale le traita de peureux et s'exclama :

— Moi j'ai peur de rien, j'suis un vrai homme, moi ! J'ai pas peur ! J'fonce et c'est tout !

Ce à quoi Manolito répondit du tac au tac :

— Les cons ça ose tout, c'est même à ça qu'on les reconnaît !

Cette réplique savoureuse lui valut un œil au beurre noir... Au collège, en classe de troisième, son professeur de SVT, monsieur Ballard, qu'il détestait, organisa une sortie à la Cité de l'Espace. Le lendemain, on fit le compte rendu de la visite et monsieur Ballard demanda à Manolito ce qu'il en avait pensé. Le garçon le regarda fixement et déclara : « Moi c'que j'en pense, c'est que quand on mettra les cons sur orbite, vous avez pas fini d'tourner. » Le garçon fut directement convoqué dans le bureau du principal. Celui-ci fit la leçon à l'insolent en lui rappelant ses devoirs de respect. Après une demi-heure de monologue moral et de promesses de sanction, le proviseur interrogea Manolito :

— Alors mon garçon, as-tu bien écouté ce que je viens de dire ? Dis-moi, qu'est-ce que tu en penses, toi ?

Manolito fit semblant de réfléchir et balança sans se démonter :

— Eh ben M'sieur, c'que j'crois c'est qu'à travers les innombrables vicissitudes de la France, le pourcentage d'emmerdeurs comme vous est le seul qui n'ait jamais baissé.

Après cet épisode, l'adolescent dut subir la litanie de reproches d'un conseil de discipline qui décida de son exclusion définitive. De mémoire de profs, on n'avait jamais vu une telle insolence ! De retour à la maison, sa mère se mit à pleurer dans la cuisine et lança à son fils, entre deux sanglots :

— Ton père et moi, avec tes bêtises, tu vas nous faire mourir de chagrin.

Le petit Manolo, nullement décontenancé, répondit :

— Tant mieux, comme ça on r'trouvera pas l'arme du crime !

Sa vie était devenue un plateau de cinéma au milieu duquel il attendait son tour pour intervenir. Il était courageux, plein de bonne volonté, gentil la plupart du temps, mais il suffisait d'une réplique pour que tout s'écroule ! À vingt ans, son père le fit embaucher dans une usine de transports frigorifiques dirigée par un fils à papa, monsieur Stanislas Guermeur, que tous les ouvriers détestaient. Manolito travaillait bien, il était bien vu de sa direction. Mais lors du pot de départ d'un de ses collègues, le patron fit un discours qui ennuya tout le monde. Ensuite, il se mit en tête de trinquer avec l'ensemble du personnel, histoire de jouer le patron proche de ses employés. Arrivé à la hauteur de Manolito, il lui demanda ce qu'il avait pensé de son discours. Incorrigible, l'admirateur d'Audiard se retourna et répliqua : « Si t'étais pas c'que t'es et si t'avais pas l'nom qu'tas, t'aurais pas dit la moitié de c'qu'tu viens de dire parce que j't'aurais emplafonné avant ! » Aussitôt, le patron outragé licencia l'outrecuidant…

Cette passion incommensurable pour le verbe cinématographique provoqua même des dégâts dans sa vie privée : quelle ne fut pas la colère de Gina, la belle petite blonde qu'il avait épousée, quand, au cours d'une violente dispute, Manolito claqua la porte de leur appartement en déclarant, cruel : « La tête dure et la fesse molle, le contraire de c'que j'aime ! »

La pauvre Gina devait perpétuellement subir les sarcasmes de son mari. À tout moment, il pouvait dégainer… Le couple perdit ainsi tous ses amis, un soir où Gina, rayonnante, posa le gigot sur la table du salon. Manolito, dans un grand sourire, y voyant une occasion en or, lança à sa femme : « Dire qu'il suffit de mettre un gigot au four pour voir venir les emmerdeurs. » La jeune femme menaça de partir s'il ne stoppait pas cette manie qui empoisonnait leur vie ; pourtant, Manolito, dans un excès d'orgueil, se montra impitoyable et répondit : « Confidence pour confidence, des morues d'ton espèce, je file un coup de pied dans un bec de gaz, il en dégringole cinquante ! »

Gina partit chez ses parents et demanda le divorce… Manolito passa une semaine à boire. Il était le plus malheureux des hommes, car il aimait sa femme plus que tout. Il était cependant tiraillé entre son amour pour elle et sa passion pour Audiard. Mais un soir, il décida d'en finir : il prit tous ses DVD, se rendit dans un champ à l'écart de la ville, et fit un feu de joie gigantesque qui devait réduire en cendres son passé de flingueur. Il prit rendez-vous chez un psy, puis entama une psychothérapie cinématographique. Il se mit à regarder des films sans réplique savoureuse et tenta de faire disparaître de sa mémoire les saillies classiques. Chaque jour, il devait se contrôler, car il y avait de multiples occasions de rechute, notamment ce matin où il contesta une amende et qu'il se retrouva devant un policier quelque peu abruti auquel il faillit sortir : « Vous êtes le portrait du policier type : une intelligence bien en dessous de la moyenne, mais avec des éclairs d'imbécilité. »

Et il y avait ces nombreuses fois où il se trouvait devant des collègues lourds et beaufs auxquels il rêvait de glisser : « Le jour où on fera danser les cons, tu joueras pas dans l'orchestre. »

Il réussit néanmoins à se contenir et renoua le contact avec sa dulcinée. Pour se réconcilier, ils firent des projets : un enfant, un remariage, une cuisine *Ikea* ainsi qu'une salle de bains avec double vasque, « mais d'abord », s'enthousiasmait la jeune fille, « une petite maison à eux » ! Ah, elle l'aimait son petit Manolo, il lui avait montré qu'il pouvait changer ! Il avait même accepté de regarder *Dirty Dancing* avec elle ! C'est dire… Des répliques mièvres, un scénario cul-cul la praloche, des personnages-Walt Disney, Gina pensait secrètement qu'en lui montrant un film à l'eau de rose, son amant retiendrait les mots doux et les lui ressortirait pendant l'acte d'amour ! Leur bonheur était sans nuage.

Ils commencèrent à regarder les annonces immobilières et trouvèrent une maison qui leur convenait. En la visitant, Gina avait des étoiles plein les yeux et Manolito n'avait jamais vu un ciel aussi beau ! Tout était parfait ! Ils se mirent d'accord le jour même avec le propriétaire et prirent rendez-vous le lendemain dans une banque afin d'obtenir un crédit pour leur futur cocon !

Ils débarquèrent à dix heures dans le bureau d'un conseiller bancaire qui mit d'emblée Manolito au supplice, tant il accompagnait ses montagnes de chiffres de vallées de blagues douteuses, toutes issues de paquets *Carambar*. Pendant une heure, le malade se contint, tentant de refouler les nombreuses répliques qui refaisaient tout d'un coup surface ! Pour ne pas craquer, il n'intervenait pas dans la discussion. Gina remarqua bien l'état de tension dans lequel se trouvait son compagnon. Elle lui prit tendrement la main, celle-ci était toute brûlante ! À chaque blague, une perle de sueur supplémentaire apparaissait sur le front du pauvre petit Manolo :

— Donc on part sur un remboursement à hauteur de 300 euros par mois pendant dix ans, s'époumona l'idiot. C'est vachement bien ça, Messieurs-Dames, hein ? Comme disait Philippe Risoli, c'est le juste prix !

Le con adressa un petit clin d'œil à Manolito et poursuivit :

— 2 000 balles par mois et hop, vous avez la baraque !!

Fier de lui, il regarda le couple avec un air béat de satisfaction… et c'est là que se produisit le drame… Manolito, n'en pouvant plus, incapable de soutenir ce regard sans lâcher une de ses paroles maudites, se mit à baisser les yeux pour faire diversion, mais il tomba sur le badge accroché à la chemise du conseiller… Ce qu'il vit le rendit subitement incontrôlable ! Tout d'un coup, il gonfla le torse et se mit à faire des moulinés avec ses bras en arpentant le bureau de long en large ! On dut faire venir les gendarmes, car on entendait ses cris dans toutes les ruelles de la ville. Les flics arrivèrent en vitesse, s'ensuivit une bagarre monumentale ! Dans la cohue, le badge du conseiller tomba sur le parquet flottant. Gina le ramassa et découvrit ces mots : « M. JAMBIER Dylan, conseiller clientèle ». En relevant la tête, elle aperçut quatre gendarmes qui emportaient son mari. Joues gonflées, yeux exorbités, celui-ci ne cessait de crier :

« J'VEUX 2 000 FRANCS NOM DE DIEU JAMBIER, 2 000 FRANCS, JAMBIER !! JAMBIER !! »

Sous le Pont

Il existe des lieux-Small Small World qui s'animent lorsque vous y mettez les pieds. Maisons de poupée, palais enchanteurs… Il suffit que vous passiez la porte pour que même les bosquets s'érigent en personnages féériques, qu'une musique dans tout l'espace résonne et que retentisse de toutes les fleurs, de toutes les plantes, du moindre caillou, un chant délicieux qui dessine sur votre visage un sourire qui ne disparaît pas, qui ne disparaîtra que lorsque vous aurez fermé la porte, pris votre bagnole, quitté ce lieu et renoué avec la routine des jours. Alors dans votre caisse, et alors que les kilomètres défilent banals sous vos yeux ahuris, vous avez l'impression d'avoir rêvé, d'avoir basculé dans un autre monde ! Le Pont, pour moi, fait partie de ces lieux, des lieux semblables au terrier d'Alice qui donnent accès à un monde de magie. Il suffit que je pose ma voiture au milieu du chemin en bitume envahi d'herbes folles, que je tourne à gauche et que j'escalade le talus, que je m'asseye sur le rebord en béton en face du mur de soutènement, pour que se ravive tout d'un coup la flamme incandescente de mes souvenirs…

À l'époque, nous étions quatre, nous avions dix-sept ans, nous étions drôles et pas cons, mais nous étions moches. Chacun à notre manière : Étienne, on ne sait pourquoi (parfois, lorsqu'on regarde des photos de son adolescence, on se demande pourquoi à l'époque on avait fait ce choix de coupe de cheveux, de vêtements…) avait adopté une coupe Jackson Five XXL, sauf qu'il était blond et que ses cheveux n'étaient pas crépus, donc on avait juste l'impression que l'on avait fait cuire une dizaine de sachets de spaghettis dans une casserole et qu'on lui avait posé le tout sur le crâne. Ajoutez à cela un corps de juif polonais ayant connu successivement Auschwitz, les goulags de Staline et suivi après coup d'un régime « Comme j'aime », vous obtenez un physique qui est loin de rappeler celui d'Antonio Banderas. Le souvenir le plus sexy que j'ai de lui a pour cadre la piscine d'Avranches... Nous étions en terminale et notre professeur d'EPS, le sadique monsieur Brard, avait décidé de commencer l'année par la natation. En maillot de bain et sorti de ma cabine, j'étais tranquillement en train d'attendre que tout le monde ait fini de se changer quand j'entendis une voix murmurer :

— Eh Flo, tu peux venir m'aider ?

Je vis alors la porte des WC handicapés s'ouvrir : Étienne semblait au comble du désespoir ! Il tenait son bonnet de bain dans sa main gauche et me révéla, catastrophé, que son imposante toison rendait impossible la mise en place dudit bonnet. Il avait essayé, cela ne marchait pas. Il fallait que je lui vienne en aide ! En toute logique et en admirable pote, je commençai par me foutre de sa gueule :

— Putain mec, j'y crois pas ! Ta touffe, elle est tellement immense que t'arrives pas à foutre ton bonnet !

J'étais écroulé de rire, je n'en pouvais plus. Mon ami tenta alors de me raisonner :

— Non mec, fais pas l'con, allez, aide-moi !

Mon fou rire passé, il me conseilla de prendre un bout du bonnet et lui tint l'autre bout. Nous tirâmes vers nous chaque bord et le bonnet se mit à ressembler à un chewing-gum infiniment extensible ou à un homme écartelé au Moyen Âge subissant les ruades de quatre chevaux attachés à chacun de ses membres. Au bout de quelques minutes d'efforts, nous réussîmes à poser le bonnet sur la gigantesque touffe d'Étienne. J'avais l'impression que l'objet était comme le sarcophage de Tchernobyl : une fissure, un incident, et tout pouvait exploser ! Le cours commença : nous devions au départ sauver un mannequin. Il faut dire qu'Étienne n'était pas Florent Manaudou, ainsi, il y eut une rumeur qui circulait, comme quoi c'était plutôt le mannequin qui sauvait Étienne. Ensuite, nous devions faire des longueurs. Nous étions tous sur la même ligne et quand le prof disait « partez », comme des sprinters, nous nous élancions. Piqué sans doute par cette rumeur parfaitement infondée, on ne sait pourquoi (je crois qu'il y a d'ailleurs un mec qui a écrit un bouquin sur les décisions absurdes), peut-être aussi que l'amas de cheveux contenu sous le bonnet lui bouchait complètement les oreilles, toujours est-il qu'Étienne, sans l'autorisation du professeur, se mit à partir avant tout le monde. Et donc toute la classe se mit à regarder nager le poisson, le dauphin, que dis-je, la sirène de Sartilly !! Je n'ai retrouvé son style que dans le crawl chaotique du nageur de la Guinée équatoriale Éric Moussambani lors des Jeux olympiques de Sydney, et qui mit devant notre écran un incroyable suspense tellement à chaque instant on se disait qu'il allait se noyer ! Il n'y avait aucun courant, l'eau était calme, mais Étienne se battait contre l'onde comme un boxeur suédois luttant contre Mike Tyson, comme un naufragé dérivant au milieu d'un torrent impétueux, mais courageux, il ne lâchait rien ! Sous nos yeux de lycéens ahuris, nous assistions à l'éternel combat entre l'Homme et la Nature ! Arrivé au milieu de la piscine et se sentant peut-être en confiance, croyant peut-être que son crawl était devenu aussi fluide que celui d'un Ian Thorpe de la grande époque, Étienne s'enhardit et mit la tête sous l'eau. Mal lui en avait pris : il commença à dériver inlassablement vers la gauche, s'approchant dangereusement de la ligne d'eau. L'incident semblait inévitable… Sa tête vint se fracasser contre la ligne rouge, ce qui eut pour effet de détruire le précieux sarcophage. Son immense touffe se libéra du bonnet tyrannique… Et là, tous sur la même ligne, les mains posées sur le rebord de la piscine, nous eûmes sous nos yeux une scène d'anthologie : les cheveux d'Étienne, tel un nénuphar géant, avaient envahi quasiment la totalité du bassin ! On ne distinguait plus la tête de notre pote, on voyait simplement des bras s'agiter hors de l'eau comme deux tentacules-octopus en stress total. Étienne était debout dans l'eau, mais il ne voyait plus rien : et subitement, au bout d'une seconde ou deux, on vit sa tête émerger de l'azur ! Avec ses mains, il tenta d'ôter les immenses spaghettis qui lui couvraient le visage : on aurait dit un homme-yorkshire dissimulé par ses poils ou le Big Foot trempé dont on n'aperçoit que les yeux ! Encore aujourd'hui, j'ai cette image sous les yeux et je me tape une barre monumentale : Étienne au milieu de la piscine, avec sa touffe mouillée qui lui cache le visage, ses bras qui s'agitent dans tous les sens et sa tête qui apparaît à la surface… Je me souviens aussi du visage d'Aurélien qui s'est tourné vers moi et qui m'a dit, les yeux embués de larmes rieuses : « Mais pourquoi il a voulu partir tout seul ? » Mythique !!!

Nous étions quatre : Étienne donc, éphèbe aux nages féériques, Aurélien, futur militaire, Hercule à la voix de stentor, musicien prodige à la voix de fée, en manque total de confiance en lui, écrasé par la personnalité d'un frère ultra brillant, appartenant à l'espèce des mecs qui savent tout faire mais qui restent hélas persuadés d'être des bons à rien, Julien, tronche d'intello, cervelle Jean-Paul Sartre, arbitre de foot précoce et petit sourire narquois en présence de cons, gros fumeur de pets et professionnel du binge drinking : shots cul sec à vingt heures, galette à vingt-et-une heures, couché à vingt-deux heures… et enfin moi, petit boutonneux à lunettes et appareil dentaire, autant dire que je collectionnais les femmes ! D'ailleurs, dans tout le lycée, on m'appelait « l'attrape-meufs » ! Une sorte de Hit pro de la séduction mais puceau et vraiment pas très fier de l'être. Amoureux fou d'une fille magnifique aux formes ravageuses prénommée Marine et la voyant à peu près à chaque soirée sortir – et forniquer – avec un mec différent, comme un tourniquet de jardin d'enfant sur lequel vous n'avez même pas le droit de vous asseoir.

Comme nous étions tous les quatre très moches, nous ne sortions avec aucune nana. Par conséquent, nous passions nos samedis soir à picoler entre couilles célibataires. Il y avait pourtant plusieurs problèmes : le premier, c'était que nous n'avions pas beaucoup d'argent ! Il y avait bien Julien qui gagnait un peu avec sa paie d'arbitre, mais pas suffisamment pour nous rincer la gueule toute une nuit dans un bar. Le deuxième problème, en lien également avec le précédent, mais surtout pour des raisons d'ordre artistique, était que nous détestions les boîtes de nuit : musique de merde, mecs-blaireaux, meufs-*Barbie* et bouteille de sky à cent euros, plus les videurs qui n'auraient de toute façon jamais accepté notre bande de mecs *Big Bang Theory*. Troisième et dernier problème : l'impossibilité de faire la chouille dans nos chambres, la faute à des parents peu laxistes et toujours présents. Nous nous mîmes donc en quête d'un endroit peinard, maison abandonnée ou hangar désaffecté, un lieu où nous aurions pu nous biturer en toute tranquillité.

Un jour, Julien, le visage illuminé, arriva au lycée et nous confia qu'il avait trouvé l'endroit idéal : sous un pont, pas très loin de chez lui, au Val-Saint-Père, un lieu discret qu'il se proposait de nous faire découvrir dès le samedi soir. Nous étions au mois de novembre, et dans le Sud-Manche, il commençait à cailler sévère. Le samedi soir venu, Étienne, Julien, Aurélien et moi (les quatre membres du FAJE, groupe qui, à n'en point douter, vaincra un jour !) attendîmes que les parents de Ju soient couchés. À minuit, nous partîmes… Nous étions dans des conditions strictement élémentaires : nous n'avions rien d'autre que des manteaux chauds et trois bouteilles d'alcools forts : vodka, whisky, vodka. Dans la nuit noire, guidés par la lampe torche de Julien, nous traversâmes le bourg du village. Arrivés devant le stade de foot et la route qui menait vers Avranches (cette route se prolongeait sur un pont), nous bifurquâmes à droite dans un chemin perdu qui nous mena à une impasse. Devant nous, on voyait les voitures défiler. En effet, il y avait une route qui passait sous le pont, une route qui était en quelque sorte le périphérique d'Avranches. À gauche, nous escaladâmes un talus et nous arrivâmes à l'endroit repéré par Julien, les yeux remplis d'étoiles. Il y avait sur la droite un immense mur de soutènement qui séparait l'endroit de la route. À côté de ce mur, une petite étendue d'herbes au milieu de laquelle on constatait les restes d'un feu. En archéologues avisés, nous conclûmes que si l'on pouvait constater les traces d'une présence, c'était qu'autrefois de joyeux drilles comme nous avaient apprécié l'endroit. En face du mur, après la petite étendue d'herbe, il y avait un rebord en béton, puis une pente qui montait jusqu'à l'extrémité gauche du pont. En haut, juste sous le pont, il y avait un coin où l'on pouvait s'asseoir en baissant quelque peu la tête. Ainsi, le coin ressemblait à un triangle rectangle dont l'angle ouvrait sur la petite étendue d'herbe. À l'abri des passants, c'était un lieu idéal pour picoler tranquille. Nous étions de plus couverts par le bruit des voitures.

Notre première nuit sous le Pont fut barbare et rudimentaire : nous escaladâmes la pente, nous nous assîmes en haut, nous ouvrîmes la première bouteille de vodka et nous nous la passâmes, au goulot, comme de vulgaires soiffards de seconde zone, en vérité exactement comme quatre clochards tremblotant de froid et dont l'alcool finit par réchauffer les corps. Ce fut pourtant une merveilleuse soirée, car c'était la première fois qu'on se biturait à quatre et il fut donc question de nos meufs préférées, de nos commencements d'idées politiques, de nos débuts de vision du monde et de nos rêves d'avenir. À la fin de la troisième bouteille, nous étions les Quatre Fantastiques et on se promit bien sûr une amitié éternelle. Par commodité, on pissait assis, on regardait romantiquement la trace que laissait notre urine sur la pente comme une source fraîche descendant d'une montagne. Au retour, vraiment très bourrés, nous dûmes faire une halte au stade de foot, car Aurélien se sentait mal. Il alla vomir dans un talus, mais il avait la gerbe tellement tonitruante qu'à chaque déglutition, on avait l'impression qu'on égorgeait un ogre !! Encore aujourd'hui, je ne sais pas comment les habitants du Val-Saint-Père (et même de San Francisco) ont fait pour dormir ce soir-là. La tête face contre terre, il chialait presque en répétant : « Putain les mecs, j'me sens mal », et c'était très étrange, car il prononçait ces mots d'une tessiture de soprano alors que son vomissement était plutôt celui d'un baryton. On eut alors l'immense chance d'assister à un concert Placido Domingo-Maria Callas des plus fameux ! Julien, dont la hantise était de se faire repérer par les habitants de son bled (où sa mère était quand même conseillère municipale) lui répétait : « Mec, y a pas moyen que tu fasses moins de bruit ? » tandis que la cantatrice soûle lui répondait en geignant : « Mec, j'suis désolé putain, j'suis désolé » comme un soldat ayant failli au combat. Pendant l'agonie de mon pote, je m'allongeai sur la pelouse du stade… J'étais tellement bourré, et tellement bien, que j'avais l'impression de dormir en plein milieu du stade de France ou sur le green-*Moltonel* d'un parcours de golf.

Au fil du temps, nos soirées-Pont devinrent plus sophistiquées : nous reçûmes déjà du renfort en la personne de Samuel et de Momo, deux autres potes attirés par la cuite extérieure. Nous mîmes également en place tout un système : chargement d'une brouette pleine de bûches (le tas de bois du père de Julien se mit à diminuer considérablement…) ; achat de saucisses, de patates et de gâteaux apéro ; séance roulage de pets à la chaîne dans les toilettes près de l'église ; couvertures, gobelets, papier journal, charbon. Passé minuit, dans la pénombre saint-perraise, notre troupe avançait comme la Grande Armée de Napoléon : chacun avait son rôle, précis, ordonné. Arrivée sous le Pont, l'Armée se mettait en branle ! Désormais, nous picolions, fumions et mangions devant un immense feu.

Il est difficile de dresser la liste des événements mémorables ayant eu lieu sous le Pont : il y eut notamment cette fois où nous avions invité Nush, un pote d'Étienne et d'Aurélien, parti dans une autre région. Défoncés, bourrés, comme libérés par un chaman nommé Whisky Weed, nous nous mîmes à poil devant le feu, en cercle, et nous entonnâmes des chants indiens-péruviens-moldaves-malgaches en dansant autour de l'âtre. Nos corps étaient réchauffés par le feu et nos têtes par l'alcool. Il y avait également un jeu qui faisait à chaque fois notre bonheur… Au bout du troisième Pont, notre expérience augmentant, nous nous étions aperçus que malgré notre stock de bûches assez conséquent, au bout de quelques heures, nous étions à court de munitions. Nous nous mîmes donc en quête d'un autre tas de bois. À l'entrée du chemin, juste sur la gauche, nous trouvâmes notre paradis : une entreprise de travaux publics qui disposait dans sa cour d'un stock inépuisable de palettes. Tout d'un coup, nous étions Ali Baba devant la porte magique ! Par chance, la cour n'était pas très surveillée. Nous enjambâmes la barrière et le rapt commença. Non seulement les palettes servaient à alimenter le feu, mais elles étaient surtout l'accessoire essentiel de notre activité favorite : comme toujours en matière de jeu débile, ce fut Samuel qui eut l'idée en premier. Un soir, vers deux heures du mat, muni d'une palette, il se mit à escalader la pente. Arrivé en haut, il utilisa la planche de bois comme une luge et s'élança dans le vide. Au fil des soirées, les délires se diversifiaient : course de palettes, figures acrobatiques sur palette, descente technique et arrivée artistique, slaloms sur palettes, c'est fou tout ce que l'on peut faire avec une palette !!

Au cours d'une des nombreuses participations de Julien, celui-ci eut la désagréable occasion d'expérimenter une expression de la langue française au sens propre… En effet, un soir, cet adepte des sports extrêmes (il était à cette époque le champion interrégional toutes catégories du nombre de verres de punch bus cul sec, ainsi que le champion olympique des roulades en arrière sur béton sous-sol), après avoir ingurgité une bonne rasade de whisky et tiré une grosse taffe sur le pet de Momo (dont l'activité principale lors de ces soirées était de nourrir constamment le feu afin d'atteindre son rêve absolu : manger une saucisse), mon pote se saisit d'une palette. Bancal, il commença son ascension. Vu l'état éthylique avancé du garçon, il y eut quelques dérapages, Maurice Herzog aurait peut-être fait mieux... Après quelques minutes d'efforts, il arriva au sommet et se mit à contempler l'abîme de ses yeux torves. Nous étions tous en bas, regardant cet ange qui s'apprêtait à voler : en expert, Julien utilisa la technique habituelle, mille fois répétée : il s'assit face à la pente, fit glisser la palette sous ses pieds, s'accrochant au plafond, puis, lorsqu'il se sentit prêt, il s'élança : au départ, personne n'avait réalisé l'erreur qu'il avait commise au moment de son lancement... Ce ne fut que lorsqu'il arriva au milieu de la pente que nous nous rendîmes compte qu'il avançait droit vers le feu !! Le problème était que le shit et l'alcool augmentaient considérablement notre temps de réaction. Ainsi, aucun de nous ne fit un geste pour le sauver d'une fin à la Jeanne d'Arc. Pourtant, et puisque j'évoque la pucelle d'Orléans, un miracle eut lieu ! Julien, lancé à pleine vitesse, se dirigeait vers la mort sous nos yeux ébahis ! Mais il allait tellement vite (aussi vite qu'une Allemande de l'Est en bobsleigh aux JO de Berlin 68 ou que Marc Raquil dans les dernières foulées du quatre cents mètres des Championnats du monde de Paris en 2003 au stade de France) que lorsqu'il arriva en bas, la palette heurta violemment le rebord en béton qui se transforma en un tremplin magnifique qui hissa notre pote superhéros Superman au-dessus du feu ! Julien, littéralement, s'envola, et l'arrière de son jean traversa la plus haute des flammes ! Le phénix retomba au sol et se mit à courir en hurlant :

— Putain les mecs, j'ai l'feu au cul, j'ai l'feu au cul !!

Aurélien, le plus réactif de nous tous, empoigna une bouteille d'eau, mais il n'eut finalement rien à faire : Julien était passé si vite que la flamme n'avait fait que l'effleurer. Il était sain et sauf !!

Les soirées sous le Pont durèrent quasiment un an, jusqu'à nos dix-huit ans à peu près, jusqu'à ce que nos tafs d'été nous permettent d'aller plus classiquement picoler dans les bars. Je me souviens encore de nos retours de zombies, vers quatre heures du mat, quand il fallait ramener la brouette et remettre les palettes non utilisées à leur place. Toujours guidés par la lampe torche de Julien, nous avancions le plus souvent comme des aveugles, vraiment, mais vraiment complètement pleins ! Je me suis moqué d'Étienne, d'Aurélien et de Julien, alors je terminerai ce récit par une anecdote me concernant, il n'y a aucune raison pour j'y échappe :

Une nuit, alors que nous avions discrètement remisé la brouette dans le garage des parents de Julien et que nous étions tous couchés dans sa chambre (ce soir-là, il y avait Ju, Aurélien, Étienne, Momo, Sam et Nush), je m'éveillai : la chambre était remplie de sacs de couchage. Ayant un problème de prostate depuis ma plus tendre enfance, ayant surtout ingurgité un nombre difficilement calculable de bières, j'eus tout d'un coup une envie extrême d'uriner ! Chez Julien, il y avait deux chiottes : la première était située en bas près de la chambre de ses parents, la deuxième à l'étage, juste à côté de sa chambre. Or, je ne sais pourquoi (on en revient toujours aux décisions absurdes…), peut-être encore possédé par l'esprit chaman qui nous avait tous habités ce soir-là, je fis disparaître de mon cerveau les toilettes situées juste à côté de la chambre de Ju. Dans ma tête embrouillée, pour pisser, je devais, premièrement, enjamber les corps endormis de mes potes (et ce dans le noir complet), puis descendre à tâtons l'escalier pour ne pas réveiller ses parents : ces deux obstacles me parurent tout d'un coup insurmontables ! J'étais pris dans un piège infernal : j'avais une envie d'uriner démentielle, mais je ne me sentais pas capable d'accomplir ces deux travaux d'Hercule ! Alors, je ne sais toujours pas pourquoi, à l'image d'Étienne partant tout seul au large sous les yeux de tous, sous les yeux surtout de toutes les plus belles filles de la classe, je pris une décision étrange, mais qui m'apparaissait sur le coup comme la seule solution possible : j'étais allongé juste en dessous du *Velux*, alors je me mis debout, sortis de mon sac de couchage et ouvris la fenêtre. Aussi souple que Spiderman après une soirée Cocktails Tequila-Mangue-Beurre de cacahuètes, je me hissai sur le toit. La première étape de mon projet était réalisée ! Je m'assis sur les ardoises et baissai mon pantalon en écartant les jambes ; ma parfaite maîtrise de l'exercice de l'urine sur pente me venait du Pont, bien sûr. J'étais là, tranquille, sous les étoiles, louant mon génie, quand il se passa quelque chose d'imprévu : il avait plu pendant la nuit, l'eau avait ruisselé sur le toit, ce qui l'avait rendu extrêmement glissant. Tout d'un coup, je me mis à déraper désespérément dans le vide et je descendis ainsi, les fesses trempant dans mon délicieux filet d'urine. Ma chute paraissait inévitable, mais par miracle, je réussis à m'accrocher à la gouttière. J'étais là, au-dessus du vide, le calbut baissé, avec les gouttes de ma propre pisse qui me retombaient sur le visage… Jamais de ma vie je ne me suis senti aussi ridicule, d'autant plus que je me disais que j'allais à un moment donné lâcher prise et que j'allais immanquablement passer la nuit dehors ! En l'espace d'une seconde, je me rappelai la salle de bains située juste à côté de la chambre de Ju. Dans ma tête résonnaient les : « Quel con, quel con, quel con ! » Il faisait froid ; bite à l'air, j'étais sur le point d'abandonner quand mon instinct d'australopithèque prit le dessus sur 4 millions d'années d'évolution. Grâce à un effort surhumain (il faut dire que je disposais à l'époque d'un vrai physique d'athlète à la Bigflo et Oli), je réussis à me hisser de nouveau sur le toit et à rejoindre le *Velux*. Arrivé dans la chambre, j'enjambai avec précaution les corps endormis de mes potes et me recouchai. Le lendemain, au petit-déjeuner, Julien me raconta qu'il s'était réveillé et m'avait vu tout d'un coup rentrer dans la chambre par la fenêtre. La tête lui aussi embrouillée, il s'était rendormi en se disant : « Mais qu'est-ce qu'il fait encore ce con ? »

Ce sont tous ces souvenirs, et bien d'autres, qui me sont apparus lorsque je suis revenu, quasiment dix ans plus tard, sous le Pont. Alors que j'étais de retour chez mes parents et que je traversais le bourg du Val-Saint-Père, j'ai passé le stade de foot et j'ai bifurqué à droite. Je suis allé au bout du chemin et j'ai enjambé le talus. Je me suis assis sur le rebord en béton, j'ai regardé la pente et j'ai contemplé le feu qui crépitait toujours sous mes yeux de presque trentenaire. J'ai allumé une clope et les volutes sont devenues des silhouettes, des rires, des sourires, des dessins animés aux scénarios bucoliques. Aujourd'hui, finalement, mon stylo ne fait que suivre en décalque ces volutes qui me sont apparues ce jour-là, alors que le Pont se transformait en un lieu Small Small World aux multiples couleurs.

Papa où t'es ?

Marie-Cécile de la Gourtadelle avait été conçue lors d'une soirée gang bang au *Point G,* une boîte échangiste située sur la Nationale 13 entre Pirotte-en-Orge et Mézidon-les-Canons. Elle aurait très bien pu passer toute sa vie sans le savoir (ses parents ayant refusé depuis toujours de lui divulguer cette information des plus romantiques), mais c'est à la suite d'une mésaventure grotesque que sa mère s'était finalement décidée à tout raconter à sa fifille chérie chérie mon ange mon amour mon cœur ! Un soir de réveillon, 31 de pleine lune et de cotillons, Marie-Cécile, dix-sept ans, apprêtée jusqu'au bout de ses ongles manucurés en mauve fuchsia, sortit de chez elle pour se rendre à la fête qu'organisait Khyllian, son amour d'adolescente. Ce BG trop beau gosse était arrivé au lycée quelques jours après la rentrée et toutes les filles avaient été d'emblée impressionnées, non pas par son intelligence (qu'il avait très moyenne) ni par sa culture (qu'il avait minuscule), mais par son scooter MX4DHGP Yamaha 400 et son putain de boulard de ouf genre Zac Efron, mais en trop mieux !! Fils d'un golden boy poivre et sel-George Clooney qui s'était installé dans le département de la Manche pour monter sa boîte avec les subventions de la mairie de Pirotte-en-Orge, s'en mettre plein les poches, puis liquider l'usine et virer tous les employés (un exemple de réussite à la française !), il avait tout de suite acquis une réputation de bad guy au sein du *Lycée Notre-Dame de la Providence Priez pour Nous Pauvres Pêcheurs*, situé sur un promontoire d'où l'on pouvait apercevoir les méandres luisants de la Sée serpentant entre les bosquets du bocage. Cet établissement catholique accueillait les jeunes bourgeons de la ville et il était dirigé par une main de maîtresse par madame Latruite, femme bien mûre que tous les élèves mâles rêvaient de pécho tant ses tailleurs bleu marine serrés provoquaient leur désir de jeunes puceaux sous hormone… Dès son premier jour de classe, Khyllian s'était fait remarquer : alors qu'il était au fond de la classe et que madame Decaux, professeur d'histoire au nom prédestiné, ayant raté une bonne trentaine de fois son agrégation, dissertait sur l'Arabie saoudite et son régime autoritaire, l'adolescent s'était permis d'interpeller un de ses camarades du premier rang. Madame Decaux l'avait houspillé en lui demandant pour qui se prenait-il. Ce à quoi Khyllian avait répondu sans se démonter : « Ben pour un roi du pétrole, M'dame ! » Toute la classe avait ri, le jeune homme s'était ainsi forgé une légende ; ça plus son putain de uc et sa tronche de GBO (Gosse Beau de Ouf) bref, Marie-Cécile était folle de lui !

Après plus de trois heures d'essayage à la Julia Roberts dans *Pretty Woman*, la jeune fille arriva chez son *my love* à vingt heures trente, un peu en retard, histoire de faire « genre la meuf genre indifférente tu vois, pas genre boloss en manque » ! Excitée par la bise que lui claqua Kikiri (c'était le surnom affectueux qu'elles avaient inventé entre copines), elle se mit à boire. Grisée, elle commença un Cap's avec P'tit Floyd, un mec super drôle, super intelligent, super gentil, super attentionné, super cultivé, mais nabot et très moche ! Lorsqu'elle eut ingurgité sa troisième bière cul sec, elle entendit les accords de sa chanson préférée, *I love to love my love* d'Adèle, et se mit à chercher son Kikiri des yeux. Elle voulait attirer son regard pour qu'il l'invite à danser. Ses yeux brillaient, elle se voyait déjà au milieu du dancefloor, les sunlights à leurs pieds, avec autour de la piste toutes les prunelles trempées d'envie de ses cops et surtout celles de Natacha qu'entre copines elles surnommaient subtilement Natachatte, car c'était une sale pouffiasse doublée d'une incroyable pute ! Alors que la chanteuse entamait son refrain, ce que vit soudain Marie-Cécile la glaça : Khyllian, sous la coupole de ballons multicolores, était en train d'embrasser sa rivale, goulûment… Il lui caressait même abondamment la croupe !! La pute, évidemment, se laissait faire… Marie-Cécile essaya pendant deux heures de faire bonne figure, mais quand elle vit l'amour de sa life emmener sa conquête à l'étage, elle s'enfuit en pleurant de cette maudite soirée du Nouvel An, et alors que tous ses camarades brandissaient leurs flûtes en plastoc *Sire de Beaupré* en criant « Bons Nénés », la pauvre jeune fille s'arrêta sous le ciel étoilé et pleura toutes les larmes de son petiot cœur gelé. Mais le cauchemar n'était pas terminé… Le petit Jésus ou son grand-père avaient décidé ce soir-là de lui infliger un véritable chemin de croix…

En effet, lorsqu'elle poussa la porte de sa maison, désireuse plus que tout de retrouver son Bourriquet et de s'enfoncer dans sa couette-Winnie l'Ourson, elle entendit avec inquiétude les jappements aigus de sa mère. Intriguée, Marie-Cécile traversa le couloir, ouvrit la porte du salon et aperçut sa mère prise en sandwich sur le canapé par un grand black bodybuildé et un petit Chinois anorexique. Son père, nullement jaloux, était en calbar debout près de la table basse et filmait la scène en multipliant les prises d'angle. Autour du canapé, les fauteuils en skaï formaient un amphithéâtre étrange : en effet, dans chacun des sièges, il y avait un homme à poil et chacun d'eux se pognait avec avidité devant la scène ! Marie-Cécile, main sur la bouche, yeux écarquillés, ne put retenir un cri d'horreur ! Tous les convives se retournèrent et sa mère, toute luisante de plaisir, tourna la tête vers elle en prononçant un lamentable : « Oh ma chérie » qui acheva de faire débander les deux étalons qui étaient en train de la lutiner vigoureusement. Son père effectua par réflexe un travelling latéral ultra-rapide : son dernier plan fut le visage en larmes de sa fille…

La partouze fut gâchée, les participants n'ayant plus le cœur de continuer leurs ébats. Ils se dirent « au revoir », un peu penauds, comme des gosses ayant commis une bêtise honteuse, et certains migrèrent vers la boîte échangiste la plus proche où ils tentèrent de digérer leur frustration dans les vapeurs sensuelles d'une grandiose soirée mousse. Après une nuit de larmes sans sommeil, il fallut s'expliquer. Marie-Denise et Raymond-Claude, les deux parents de Marie-Cécile, lui apportèrent le petit-déjeuner au lit. Marie-Denise resta avec sa fille et lui expliqua tout : elle commença par lui avouer que son mari et elle, bien sûr, Marie-Cec s'en était aperçue (car la petite était loin d'être bête) était un couple libertin. Ils s'étaient connus au Cap d'Agde sur la magnifique plage des Boules fripées. Elle, Marie-Denise, y était venue avec son mec de l'époque, Giorgio, un Italien beau comme Jupiter qu'elle avait rencontré lors des JMJ. Raymond-Claude, lui, était venu au Cap en voyeur célibataire, espérant participer à des joutes sexuelles sur le sable des dunes sudistes. Dans l'exposé qu'elle avait préparé avec son mari la veille dans le lit conjugal, Marie-Denise devait s'arrêter là, mais, encouragée par les questions et le désarroi de sa fille, l'odeur de café chaud mêlée à celle des croissants qu'elle engloutissait sans en laisser une miette, chagrinée par la culpabilité qui la torturait depuis trop d'années, elle décida de tout raconter, absolument tout…

Un jour, sur la plage, alors que son corps entier rutilait de monoï et qu'elle bronzait sous le cagnard, Giorgio s'était mis à lui caresser doucement les fesses. Excitée, Marie-Denise s'était retournée et alors ils avaient commencé tous deux la danse torride de l'amour balnéaire. Quelques mâles, attirés par le corps et la bouche pulpeuse de la Vénus callipyge, s'étaient approchés, dont Raymond-Claude. Après quelques heures de rut intense, ils avaient sympathisé. Un soir où Giorgio était allé rendre visite à une de ses nombreuses conquêtes, Raymond-Claude avait invité Marie-Denise à dîner. Ce fut un véritable coup de foudre !! Ils prirent ensemble un café très gourmand et niquèrent toute la nuit. Au bout d'un an, ils décidèrent de se marier. Quelque temps après la cérémonie, un problème d'importance survint dans leur couple : en effet, au fur et à mesure du temps, la mariée s'était aperçue que dans leurs soirées échangistes, son mari se contentait de regarder et ne copulait que très peu. Après moult tergiversations, Raymond-Claude lui avoua qu'il se sentait bien mieux dans la peau du voyeur et que son plus grand plaisir était de la voir elle, Marie-Denise, toute couverte de la semence biodiversifiée d'une troupe d'hommes avides au milieu d'une haie de braquemarts tendus vers son visage, tout comme l'Arc de Triomphe trônant au milieu de la Place de l'Étoile ! Suite à cet aveu, ils ne pinochèrent plus ensemble, mais Raymond-Claude, une fois par mois environ, regardait et filmait sa femme en gang bang sur les parkings des stades de foot, de McDonald's ou d'aires d'autoroute. Pilonnée en Panini, en Maxi Burger ou en hélicoptère, Marie-Denise avait l'impression à chaque surprise-partie de toucher, par la jouissance, l'Annapurna du plaisir…

Le 16 décembre 1999, quelques jours avant Noël et le passage de la tempête Lothar (évoquée par Pierre Lemaître dans son chef-d'œuvre *L'histoire du gosse très très méchant à la force herculéenne*), Marie-Denise tomba enceinte. Elle accoucha, neuf mois plus tard, d'une petite Marie-Cécile, fruit d'une soirée mythique au *Point G* donc, sur la Nationale 13 entre Pirotte-en-Orge et Mézidon-les-Canons, soirée au cours de laquelle elle avait subi les assauts de plus d'une soixantaine de mâles en rut…

Ce fameux matin du 1er janvier 2017, alors qu'elle repensait avec dégoût et moult sanglots à la langue de Khyllian s'insérant dans celle de Natacha ainsi qu'à sa conception lubrique et répugnante, Marie-Cécile trouva tout de même la force de demander à sa mère :

— Mais alors maman, mon père n'est pas mon père ?

Marie-Denise ne put lui mentir :

— Non, c'est sûr que non ! D'après mes calculs, tu as été conçue à la fin de l'année 1999, or il y avait déjà bien longtemps que nous n'avions plus de relations sexuelles avec ton père. Nous n'avons fait pendant cette période qu'une soirée au *Point G*. Je n'ai couché avec personne en dehors de ce soir-là. Je suis sûre de moi : tu as été conçue cette nuit-là !

Après s'être mouchée dans un bout de sa couette-Winnie, la jeune fille regarda sa génitrice et la questionna encore :

— Mais alors, qui est mon père ?

Ce à quoi Marie-Denise répondit laconiquement :

— Un des soixante types qui m'ont prise à tour de rôle cette nuit-là…

Le sémillant professeur Boris Cyrulnik l'a déjà démontré, certaines personnes ont des capacités de résilience étonnante : Marie-Cécile appartenait à ce genre-là ! Elle venait coup sur coup d'encaisser en premier lieu la trahison de Khyllian et donc sa première grande peine d'amour ; en deuxième lieu, elle avait trouvé sa mère dans les bras d'une douzaine d'individus bien armés découvrant que son père n'était pas son père, mais un vulgaire Tarantino branlant à la caméra glauque multipliant bobines et cocufiages avec le plaisir des seconds couteaux pétris d'impuissance. Elle avait enfin appris qu'elle était une enfant multi-bâtarde, fruit d'une orgie monumentale, et que parmi les litres de foutre reçus ce soir-là par sa mère volage se trouvait la trace de son géniteur, ou peut-être même de ses géniteurs ! Pourtant, Marie-Cécile ne se lamenta pas sur son sort en avalant par tristesse des pots de *Ben&Jerry's Cookie Dough* devant *Netflix*.

Dès le lendemain, elle se mit à la recherche de son vrai papa… Elle commença par se rendre au *Point G* afin de connaître l'identité des messieurs qui avaient honoré sa chère maman. Bien sûr, sa mère et Raymond-Claude (devenu donc entretemps son père adoptif) ne se rappelaient aucunement les noms de tous les belligérants. Arrivée devant le bâtiment, elle trouva malheureusement porte close. La boîte avait fermé, on annonçait un changement de propriétaire ! Persévérante, la jeune fille appela l'agence qui s'occupait de la mise en vente et obtint le numéro de l'ancien gérant, Daniel Dicker, un ancien libraire reconverti dans le porno trans et le monde libertin. Marie-Cécile était encore innocente et pure, elle croyait en Dieu et se rendait même à la messe tous les dimanches matin au lieu de regarder comme tout le monde *Auto Moto* sur M6. Elle s'était imaginé un monsieur Dicker raffiné, un philosophe doublé d'un poète : hélas, quand elle franchit le portail de la petite maison située boulevard Saint-Saturnin à Sainte-Palatine des Trois-Canetons, elle tomba sur le prototype du réalisateur de film porno, un Larry Flint des plus gros grossiers : obèse, le poitrail hirsute, bagouses à chaque doigt, énorme cigare cubain entre les lèvres, chaîne en or qui brille et peignoir panthère ouvert à demi, Daniel Dicker, DD comme l'appelaient avec créativité Momo, Gégé et Nanard, ses trois potes alcoolos du Bar PMU *Le bon vieux temps*, lui lança :

— Salut beauté, alors, tu viens d'la part d'la Générale des Eaux, t'es v'nue pomper mon sous-sol !

Et il éclata d'un rire aussi gras qu'un océan de burgers à la gélatine. Marie-Cécile, ahurie, commença par s'excuser, puis expliqua le motif de sa venue. Aussitôt, la mine déconfite, Dicker referma la ceinture noire de son peignoir fauve et la pria de l'accompagner dans son salon. La requête de cette jeune fille avait touché ce vieux lion au cœur tendre, car il avait une fille qu'il ne voyait plus à cause de ses nombreuses activités plus ou moins recommandables. De plus, Marie-Cécile l'avait soudain replongé avec émotion dans le passé, son passé, un jadis auréolé de gloire. Gérant du *Point G*, la boîte échangiste la plus courue de Normandie, il avait été le Jacquie et Michel des années 2000, avec la création de sa chaîne X *Porno Camembert* au sein de laquelle évoluaient ses deux égéries : Roger l'Andouille et Samantha Teurgoule ! Aujourd'hui, criblé de dettes, il n'était plus que l'ombre de lui-même et s'était reconverti dans le X zoophile, spécialité caprin. Heureusement pour lui, sa nouvelle star, Tabatha Seguin, lui fournissait à la fois lait et fromage, s'occupait de sa pelouse et des caresses que personne n'osait plus lui adresser.

— T'as d'la chance, minette, déclara-t-il à Marie Cécile, à l'époque, j'étais un paranoïaque doublé d'un fieffé connard ! À chaque fois qu'un type se présentait au *Point G*, il fallait qu'il montre patte blanche. Je prenais tous les noms, même les numéros de téléphone, tout. J'assurais mes arrières, et minette, tu vois, j'me faisais des films : j'me disais, p't'ête qu'un jour, y aura un politicard ou un mec friqué qui viendra tremper sa nouille dans mon plat d'spaghettis, et là, j'me s'rais fait des couilles en or ! Trois photos, une vidéo à poil en train de niquer trois keums, et hop, le chantage et la thune, les Bahamas et une pute dominicaine !

La jeune fille faillit vomir, mais eut tout de même la force de lui demander :

— Alors vous avez forcément le nom de mon vrai papa ?

— Pas si vite, ma p'tite, c'est pas aussi facile que ça, parce que tous les soirs, y avait des gars qui v'naient juste pour mater, ou même des mecs qui pouvaient pas monter leur trique parce que trop fatigués ou pas très excités par la mère Denise, en tout cas, une sacrée pipeuse ta mère, une sacrée sal…

— Vous pouvez me donner la liste de tous les hommes présents au cours de la nuit du 26 novembre 1999 *(c'était la date sélectionnée par sa mère)* ? coupa la jeune fille, à la fois très gênée et pleine d'espoir.

— Ben ouais ma belle, t'affole pas, j'te descends ça ! Mais bon, j'te préviens encore, t'auras quatre-vingts types, mais sur les quatre-vingts, t'en as p'tête soixante qu'ont vraiment participé, et p'tête que trente qu'ont vraiment ramoné ta daronne, et encore…

Marie-Cécile eut à supporter encore quelques remarques salaces de DD Dicker, mais lorsqu'elle sortit de chez lui, elle était heureuse : son papounet se trouvait quelque part parmi les nombreux registres que lui avait donné le pornographe ! En arrivant chez elle, elle se mit au travail : au bout de trois heures, elle tenait dans ses mains le Graal : une liste qui contenait les noms des soixante-huit hommes présents le 26 novembre 1999 au *Point G.* Soixante-huit moins son père adoptif, il restait soixante-sept papas potentiels… Il suffisait désormais de pratiquer pour chacun un test de paternité. Toutefois, lors du repas familial, ses parents douchèrent quelque peu l'enthousiasme de leur fille : aucun juge, quel qu'il soit, ne se saisirait d'une telle affaire ! Et même si elle trouvait un homme qui acceptait une telle croisade, comment savoir si tous allaient se soumettre docilement au test demandé.

— Et puis, s'enflamma Raymond-Claude, comme l'a dit monsieur Dicker, dans cette liste, certains n'ont même pas pénétré ta mère, ce serait absurde de leur faire passer le test.

Fidèle à son mental en fer forgé, Marie-Cécile n'eut qu'une nuit de découragement… Le lendemain matin même, elle se mit à l'ouvrage. Complètement sourde aux remarques de ses parents, elle chercha pendant près de six mois l'adresse de tous les participants à cette soirée. À chaque fois, lorsque les portes s'ouvraient, elle n'avait qu'une photo à la main et qu'une question à la bouche : « Avez-vous fait l'amour à cette femme le soir du 26 novembre 1999 ? » De nombreuses portes se refermaient aussitôt, car certains hommes, menant une première vie respectable et une seconde vie libertine, ne souhaitaient absolument pas que leur avidité sexuelle ne franchisse le seuil de leur maison bourgeoise. Malgré tout, Marie-Cécile s'entêtait, obtenait des aveux, bien aidée par ses yeux-Chat Potté et son sourire-Fiona. On lui donnait des rendez-vous dans des bars ou dans des squares coquins, elle dut repousser plusieurs avances de vieux dégueulasses aussi décatis que Jacques Séguéla, mais elle maintint son cap avec courage. Au bout de sept mois, elle avait raturé les homos, les voyeurs, les bande-mous, les éjaculateurs précoces, les petites pines jamais réellement rentrées, ceux qui avaient craché leur eau bénite sur les joues ou sur les cheveux de sa maman, sur ses miches, sur sa croupe, au fond de sa turbine à cake, sur ses pieds, dans ses mains, dans sa bouche dans ses oreilles, dans son cou et même dans le creux de ses aisselles ! Et finalement, ils n'étaient que dix-sept, dix-sept hommes ayant rempli de leur lait coco le mont de Vénus maternel !

Et c'est ainsi que le 6 juin 2018 eut lieu à Caen un autre grand Débarquement ! Dans la clinique du docteur Périchon, spécialiste mondial de la génétique obstétricienne, dix-sept hommes se soumirent au test de paternité qu'attendait depuis un an une Marie-Cécile remplie d'espérance. Quelques mois plus tard, elle fut reçue par le grand docteur qui lui annonça un résultat surprenant : Marie-Cécile était un produit génétique unique en son genre, car au moment de sa conception, quatre spermatozoïdes, au lieu de lutter les uns contre les autres comme de vulgaires concurrents à l'élection présidentielle, avaient rassemblé leurs forces ! Elle était donc la première fille de l'histoire à fécondation mutualiste ! La jeune fille avait donc non pas un papa, mais quatre :

— D'ordinaire, lui expliqua Périchon, les spermatozoïdes provenant d'un même homme se combattent comme des frères ennemis, et seul le plus fort survit ! Mais au moment de votre conception, les quatre meilleurs têtards de quatre hommes différents se sont retrouvés et ont sympathisé comme quatre amis se retrouvent au comptoir d'un bistrot. Et ils ont fait la route ensemble, en covoiturage, bras dessus bras dessous, et c'est donc ensemble qu'ils sont arrivés devant l'ovule. Une chose incroyable ! Du jamais vu dans les annales de la génétique obstétricienne...

Quand la jeune fille revint chez ses parents, à la fois heureuse et troublée par le discours du docteur Périchon, elle leur annonça l'improbable nouvelle. Le soir venu, dans le lit conjugal, Marie-Denise formula pour son mari Raymond-Claude une explication beaucoup plus simple que celle de l'obstétricien :

— Ben oui, ça s'explique. Tu te souviens à la fin, quand tous les gars m'avaient juté sur le corps, il ne restait que ces quatre types. Tu te rappelles, ils me prenaient à tour de rôle et à la fin, j'étais tellement ouverte qu'ils sont même rentrés à quatre. Ah dis donc c'était super, j'ai joui comme jamais !

Ce soir-là, alors que sa mère revivait avec émotion la nuit de sa conception, Marie-Cécile franchit la porte en soie du pays des rêves… Vêtue d'une magnifique robe de mariée, elle marcha au milieu d'une longue nef aux bras de ses quatre papounets tandis que son père adoptif soutenait sa traîne. Devant l'autel, son fiancé se retourna… C'était Khyllian, le fameux Kikiri…

Los Hidalgos

Kévin Lechartier et Dylan Pinchon étaient assurément les deux plus beaux gosses de Conches-sur-Nouche ! Par conséquent, ils allaient et venaient dans les rues de leur village comme deux coqs saoudiens dans un magasin *Vuitton* rempli de poules de luxe. Il fallait les voir à la terrasse du *Bar de l'Étoile*, place Lucien Trinqueau, siroter leurs demis, leurs regards s'attardant quelquefois sur la croupe d'une gallinette qu'ils étaient certains, un jour ou l'autre, de conquérir. Ils tiraient à chaque fois à pile ou face pour savoir qui aurait la primauté sur la belle. Pile c'était Kévin, face c'était Dylan !

Les deux garçons n'étaient pas, reconnaissons-le, des individus comme les autres. Tout d'abord parce qu'ils étaient les deux meilleurs attaquants de l'Union Sportive Conchoise, club prestigieux du canton, vainqueur, et ce deux fois de suite (une première dans l'histoire du football français), de la Coupe du district de l'Eure. Dans le canton, espace équivalent à un rayon d'à peu près quinze kilomètres autour de Conches-sur-Nouche, on les appelait les *Dikkenek*, contraction de Dylan qu'on surnommait « Didi » et de Kévin qu'on surnommait « Kéké ». Sur tous les terrains de foot, on les craignait, et le soir, quand ils avaient humilié avec prestance leurs adversaires, les *Dikkenek* paradaient au *Macumba Night Fever*, la meilleure boîte du coin où ils avaient leurs habitudes et appelaient tout le monde par leur prénom, où ils commandaient à chaque fois « une petiote teille de Sky » et où ils balançaient les répliques du film éponyme franco-belge qu'ils avaient apprises par cœur. Ainsi, tous les samedis, en arrivant, ils déclaraient à Gégé le videur : « Ou tu sors, ou j'te sors, hein, mais faudra prendre une décision ! » À un mec sortant d'une bagnole d'occas : « J'savais pas qu'tu roulais dans un Kinder ! » Le pauvre type n'osait rien dire ; il s'inclinait à chaque fois devant l'humour ravageur des fameux *Dikkenek* !

Dylan et Kévin n'étaient cependant pas, et uniquement, des garçons qui se contentaient de reprendre des répliques toutes faites. Leur prestige venait en partie du fait que ces experts de la drague, dotés chacun d'un physique avantageux sur lequel on reviendra, avaient inventé leurs propres méthodes de séduction. Pour attraper dans leurs filets « les délicieuses soles meunières », comme ils aimaient surnommer poétiquement les femmes, ils ne sortaient pas ce genre de phrases ridicules connues de tous : « Ta mère est une voleuse, car elle a volé les deux plus belles étoiles du ciel pour les mettre dans tes yeux ! » Ou encore : « Si tu étais un burger McDo, tu serais le McNifique ! » Non, les deux beaux gosses conchois disposaient eux de leur propre arsenal : premièrement, un répertoire musical très fourni qui leur permettait d'aborder les filles d'une manière romantique. Ainsi, Kévin avait réussi à lever Nathalie Pinguet en lui déclarant, alors qu'il tenait son briquet pour qu'elle allume sa cigarette : « Allumer le feu… et voir danser, la flamme dans tes yeux ! » Dylan, lui, à chaque fois, faisait mouche en citant Marc Lavoine : « Tu as le regard qui tue, tu as tiré la première, tu m'as touché c'est foutu ! » Et il posait sa main sur son cœur en bridant un peu ses yeux façon regard Jude Law… Dans le mille à chaque fois !

Deuxièmement, les deux tombeurs possédaient au fond de leur besace une liste abondante de réparties muy caliente toutes issues de leur brillant esprit. À Samantha Deshayes qui lui demanda un jour ingénument :

— Tu fais quoi dans la vie ?

Dylan, le 13 février 2015 à vingt-et-une heures trente-sept, au repas du foot de Péricourt-sur-Odon, répondit, charmeur :

— Je fais des rêves dans lesquels j'aperçois à chaque fois une fille qui te ressemble…

Dans un lit *king size* le soir même ! Kévin, lui, quand une jolie Conchoise encore inconnue lui posait la question :

— Comment tu t'appelles ?

Il répondait toujours, énigmatique :

— Galilée.

Devant le regard surpris de la jeune fille, après un petit temps d'attente, il enchaînait façon Brad Pitt :

— Oui, car en c'moment, je scrute une étoile.

En levrette une heure plus tard…

Cependant, un jour, les deux tombeurs eurent envie de changer leur territoire de chasse, un peu comme si deux vétérans du fusil issus du Bouchonnois en avaient eu marre de chasser la gallinette cendrée et s'étaient rabattus sur le coquelet doré du Longchaumois. Ils décidèrent donc de partir en vacances en Espagne, attirés qu'ils étaient par le soleil et les filles aux peaux brunes imprégnées de monoï. Nous étions au mois de mai 2017 et Kévin passa deux semaines à chercher une location pas trop chère, car ils disposaient d'un budget serré. En effet, simple conseiller de banque au *Crédit Agricole* (qu'il renommait avec humour *Crédit à Picole*), il avait dépensé une partie de son argent dans l'achat à crédit d'une BMW d'occas Roadster 3 Giga MST 12 Turbo jantes alu pare-chocs gauche chromé, avec laquelle il paradait en pétaradant dans les rues du centre-ville. Dylan, lui, outre l'achat hebdomadaire de sa « petiote teille de Sky » au *Macumba Night Fever,* avait pour passion les jeans *Denim* : il les collectionnait dans son dressing de star ! Kévin ne choisit donc pas Ibiza avec ses soirées boîtes aux prix décidément trop renversants, mais une petite station balnéaire située en face des Baléares nommée Dénia. « De toute façon », songea le jeune homme, « pour les *Dikkenek*, à Conches ou en Espagne, n'importe, va y avoir obligé de ouf de guedin des bellas ragazzas » (au collège, il avait toujours été bon en espagnol…). Il réserva donc deux chambres à l'hôtel *Las Marinas*, chambres qui possédaient chacune un balcon en face de la mer (ça tombait bien, il avait toujours rêvé de faire l'amour en face de l'azur, chevaucher une gazelle en contemplant l'océan Pacifique, le pied d'enfer !). L'hôtel disposait également d'une salle de muscu et d'un sauna qui promettait des rendez-vous suaves et coquins…

La réservation étant faite pour la mi-juillet, les deux garçons durent patienter encore un mois et demi avant de partir. Impatients, ils passèrent le mois de juin dans d'affreuses souffrances : Dylan, mécano, devait s'allonger sous les carrosseries des bolides blessés, mais, les doigts dans le cambouis, tripotant les écrous, il s'imaginait constamment effleurer la poitrine d'une ibérique style Pénélope Cruz. Dans la crasse et la noirceur, il lorgnait la bouche pulpeuse, les yeux mouillés et rieurs, il avait chaud, désespérément chaud ; Kévin, dans son bureau de la rue Mouchard, alors qu'il rêvait d'une Salma Hayek aux formes généreuses, ne recevait que des madame Chambier ou madame Robert aux décolletés tombants et aux varices grimpantes, alors il s'efforçait de sourire, mais fit ce mois-ci un chiffre désastreux, ce que lui reprocha son patron Stéphane.

Après des heures et des heures de lutte contre l'ennui, le grand jour arriva : on était le 14 juillet ! Dylan et Kévin s'installèrent à la terrasse du *Bar de l'Étoile*, commandèrent deux pressions, allumèrent deux *Lucky Strike* et contemplèrent pour la première fois Conches-sur-Nouche avec des yeux désenchantés. Pour les deux garçons, leur village de naissance était déjà loin, comme une amante de jeunesse à laquelle on a songé pendant longtemps et que l'on revoit vingt ans plus tard dans un restaurant, le visage prématurément gris, les traits tirés, enlaidie, déjà vieille, au bras d'un type bedonnant ayant l'air fade, banal. C'en était fini de Conches, désormais, les deux Rastignac allaient conquérir l'Espagne, l'Espagne et ses châteaux, l'Espagne et ses vachettes noires comme à *Intervilles*, l'Espagne et ses majestueuses danseuses andalouses…

Après deux heures de vol, ils débarquèrent à Dénia le samedi soir, à vingt-deux heures. Arrivés à l'accueil de leur hôtel, ils furent reçus par une ravissante hôtesse qui s'appelait Anouchka et qui était polonaise. Celle-ci accueillit Kévin et Dylan avec un grand sourire : Dylan comprit aussitôt qu'elle en pinçait déjà pour lui, ce que lui confirma Kévin dans la chambre d'hôtel en s'agitant dans tous les sens et en criant :

— Comment elle t'a téma la meuf, putain mec t'as trop moyen j'te l'dis cash tu vas la ken !

Dylan ne doutait jamais de sa puissance de séduction. Il ajouta, en regardant l'horizon lointain de la mer qui s'étirait devant lui comme un tapis-fleur de lys lors du sacrement d'un roi :

— Putain ouais, là j'suis trop mort, mais obligé, demain j'la ken ! Obligé !!

Le lendemain, ils traversèrent le hall de l'hôtel comme des célébrités grimpant les marches rouges lors du Festival de Cannes, emplis de confiance et de gloire, se dirigeant vers la plage sous le regard déjà énamouré de la Polonaise que Dylan allait « ken dans le sauna obligé vers midi moins l'quart » ! Les deux amis avaient mis plusieurs heures à se décider : ils ne savaient pas exactement comment s'habiller… Ils optèrent pour le look tranquille classe : une paire de claquettes mauves pour Kévin, une paire de tongs noires pour Dylan. Un short hawaïen pour Dylan, un short polynésien pour Kévin. Enfin, deux tee-shirts en mode humour coupé décalé pour les deux : sur celui de Kévin, il y avait écrit : « Vamos à la Plancha » ; celui de Dylan affichait élégamment : « Initiales BBB : Boire, Bouffer, Baiser ! » Face à la mer, sur le sable brûlant, les *Dikkenek* posèrent leurs serviettes : la pêche promettait d'être trop bonne ! Sous leurs yeux ébahis, de multiples jeunes femmes aux peaux cuivrées se doraient la pilule. Certaines pratiquaient le topless et l'on voyait leurs poitrines reluire comme des coupelles d'or brillant dans une vitrine d'antiquaire aux puces de Saint-Ouen. Nos deux garçons n'étaient pas mal non plus : Kévin était grand, très sec, très brun, la peau blanche, les cheveux gominés et une chaînette en argent posée délicatement sur un torse velu ; Dylan était petit, très sec, très brun, la peau blanche, les cheveux gominés, et une chaînette en argent posée sur un torse imberbe. Contemplant le délicieux ballet des amazones ibériques, ils répétaient inlassablement dans leurs têtes leurs techniques de drague. On était dimanche et ce jour-là, les deux loups décidèrent de ne pas attaquer : ils voulaient prendre leur temps et n'étaient pas encore sûrs de leur niveau d'espagnol ni d'anglais. En partant, ils avaient tout de même fait l'effort de télécharger l'application *Babel* sur leur *Iphone* et se promirent de bosser un peu le soir venu, histoire de mettre toutes les chances de leur côté. Malheureusement, et ce dès le premier jour, ils connurent une mésaventure climatique des plus désagréables : en effet, à aucun moment de la journée les deux amis ne prirent le temps de s'enduire de crème solaire. Ils avaient de toute façon l'habitude, l'été, de faire leurs entraînements de foot torse nu, et ils pensaient que leurs peaux, endurcies par le soleil normand, n'auraient aucune peine à brunir sous le soleil ibérique. Ils restèrent ainsi toute l'après-midi les yeux aux aguets sous le cagnard. Le soir, c'était comme si leurs corps s'étaient mis tout d'un coup à fumer ! Ils ne purent ni se coucher (chaque centimètre de leur dos et de leur torse était brûlé) ni se soulager (ils n'avaient prévu aucune crème après soleil). Le lendemain, Dylan descendit à la pharmacie la plus proche de l'hôtel en évitant à tout prix la belle Polonaise, son teint de homard lui donnant un air ridicule…

Ils restèrent deux jours dans leurs chambres, s'arrosant de *Biafine*, souffrant le martyre. Ils se firent apporter leurs repas, et contemplèrent, du haut de leurs balcons, le ballet des amazones dont les corps se mouvaient au rythme des vagues. Ils réapparurent le mercredi, le visage quelque peu rougi, mais bien décidés à rattraper le temps perdu. Sur la plage, ils repérèrent un duo de nymphes non accompagnées qui étaient en train de lire, l'une un magazine people, l'autre ce qui semblait être un roman policier. Les deux garçons s'approchèrent et Kévin, l'expert en langues étrangères, commença :

— Holà muchachas, que tàl ?

Par chance, les sirènes étaient françaises ! Une conversation s'engagea. Les deux beaux gosses reprirent les gammes qui avaient fait leur succès à Conches-sur-Nouche. Pour Kévin, des blagues coquines et taquines arrosées de quelques regards en coin, genre « on se comprend on se capte il se passe un truc on a trop le feeling » ! Dylan, lui, faisait régulièrement craquer ses muscles de mécano et tentait de montrer qu'il y avait sous les apparences du petit dur un petit cœur rempli de tendresse. Une des jeunes filles se plaignit qu'il y avait trop de vent, il lui asséna :

— Au moins, lui, il a de la chance, il peut te caresser !

Elle se plaignit du sable trop chaud, il répondit, mystérieux :

— Je suis comme lui, brûlant…

Au bout d'une heure, les deux garçons revinrent à l'hôtel seuls, mais sûrs de leur coup ! Certes, ils n'avaient pas obtenu leurs numéros, mais les deux sirènes leur avaient assuré qu'ils se reverraient à la plage le lendemain. Le lendemain, ils ne virent étonnamment personne, alors ils se promenèrent le long de la côte et aperçurent au bout de trois kilomètres de marche les deux jeunes filles qui avaient manifestement décidé de changer de place, l'eau devait être meilleure ici ! Kévin et Dylan les accostèrent et Kévin sortit le grand jeu. Il avait toujours dans ses poches un écrin de bijoutier dans lequel il plaçait des pétales de rose. Après quelques minutes de conversation difficile, car les deux Françaises, sans doute impressionnées par le physique avantageux de leurs compatriotes, multipliaient les silences, il sortit sa boîte et offrit son cadeau romantique à l'une des jeunes filles prénommée Anastasia. Le soir venu, les deux garçons, attablés à la terrasse d'un bar, se demandaient encore comment la nymphe bonasse avait pu résister à cet assaut :

— Putain la meuf obligé c'est une gouine ! asséna Kévin.

— Wesh ma gueule trop c'est une gouine c'est obligé ! répondit Dylan.

— Wesh ma gueule obligé avec ça j'ken d'hab c'est obligé, enchaîna Kévin.

— Wesh ma gueule trop tu ken avec ça !

— Wesh ma gueule j'ken toujours avec ça !

— Wesh ma gueule direct c'est obligé tu ken !

Après ce dialogue digne des *Liaisons dangereuses*, ils décidèrent de passer la soirée au *Sounders*, le bar dansant le plus couru de la ville. Là encore, ils furent ébahis devant la beauté des femmes : c'étaient les mêmes amazones qui bronzaient sur la plage sauf qu'elles avaient revêtu leurs plus beaux atours, comme des chenilles s'enfermant dans leur cocon-salle de bains, ouvrant la porte quelques heures plus tard, en robes sexy, en talons hauts, fardées, devenues des papillons scintillant dans la nuit de Dénia, souriantes, sensuelles, toutes célibataires ! Ce soir-là, Dylan et Kévin essayèrent quelques touches, mais aucune n'aboutit, leur niveau de langue ne leur permettant pas d'engager la conversation ou de sortir leurs blagues habituelles si subtiles. De plus, ce vendredi soir, personne ne dansait : ils ne pouvaient donc pas faire valoir leurs pas-Travolta qui faisaient s'esbaudir les filles du *Macumba Night Fever* tous les samedis soir à Conches ! Ils burent énormément et rentrèrent à leur hôtel complètement bourrés, et complètement brecouilles : la jolie Polonaise ne travaillait même pas la nuit !

Le soleil luisait toujours et le monoï scintillait sur la peau cuivrée des filles, on était samedi, c'était déjà leur dernier jour sur place ! En effet, les deux jeunes travailleurs n'avaient pu prendre qu'une semaine de vacances… Mais à deux heures, en s'habillant, éternels optimistes, les *Dikkenek* se dirent que toutes leurs galères antérieures s'effaceraient devant cette ultime soirée ! Et ils prenaient cela comme un défi, comme une finale de Coupe du monde, le cent mètres d'une course olympique. Après leurs trois heures trente de préparation, avant de quitter leurs chambres d'hôtel, ils se regardèrent dans la glace, restèrent quelques secondes à se contempler et ce qu'ils virent les impressionna : Kévin, grand, mince, élancé comme un danseur de patinage artistique, avait réussi tout de même, malgré les brûlures du début de séjour, à dorer sa peau blanche. Bronzé, il avait mis sur ses jambes frêles un pantalon *Denim* qui moulait son petit cul d'amour. Simple, il avait mis sur son torse hirsute un polo noir, et puis, par-dessus ses épaules, il avait placé son pull *Lacoste* porte-bonheur crocodile. C'était en quelque sorte son talisman ! Dylan, plus petit, avait mis également un jean *Denim.* Il était mince, bronzé lui aussi, et il avait gardé sa barbe de trois jours qui le vieillissait quelque peu et lui donnait cet air bad boy-écorché vif qui plaisait tant aux filles de Conches. Il enfila la sacoche *Tacchini* qui le rendait classe. Avec elle, il se sentait plus fort… Après quelques secondes d'admiration réciproque, ils prononcèrent un « Come On » qui sonnait comme un cri de victoire !

Quelques heures plus tard, parés de leurs enveloppes de lumière, ils dansaient merveilleusement sur la piste du *Sounders*, entourés d'une foultitude de remarquables beautés ! Il y en avait pour tous les goûts : des brunes, des blondes, des rousses, des minces, des charnues, des moyennes ; toutes, elles bougeaient leurs silhouettes délicieuses sur les rythmes saccadés d'un DJ en transe volcanique. Kévin et Dylan étaient les rois d'la Night ! Ils allaient et venaient, serpentant entre les filles comme des cobras magiques entourant de leurs parures d'anguilles des proies impuissantes. Dès qu'il voyait un couple d'amazones seules, Dylan se dirigeait vers elle en effectuant la danse du rappeur qui rappe, pouce index pouce index, qu'il avait acquise grâce à une consommation frénétique de clips US MTV ! Il bougeait les bras façon hip-hop, demandait aux filles de participer. Celles-ci souriaient. Il effectuait ensuite un pas de côté, toujours le même, qu'il tenait de Michael Jackson. Kévin, lui, moins démonstratif, se contentait d'un mouvement de hanche, tranquille, serein, et lorsque Dylan réussissait à prendre contact, c'était lui qui était chargé de lancer la discussion dans un anglais approximatif. L'eau était bleue et les voiles blanches se balançaient dans le ciel de Dénia. Vêtus comme des princes, les deux Casanova ressemblaient à des armateurs grecs au temps des splendeurs inouïes ! Une myriade de filles autour d'eux, au milieu d'un lounge bar qui ressemblait à Santorin, Amorgos ou Hydra, ils étaient deux apollons dans un océan-Sirtaki !

Ils essayèrent plusieurs fois, saisirent leur chance, mais à chaque tentative de séduction, les filles finissaient mystérieusement, surnaturellement, par s'éloigner… Ils réussissaient seulement à prendre des selfies avec elles en profitant d'ailleurs de la technologie pour enlacer grossièrement leurs modèles. Mais quand il fallait passer à la deuxième étape, ils échouaient : Dylan ne possédait peut-être pas suffisamment de mots espagnols pour engager la conversation, Kévin ne trouvait peut-être jamais, dans son mix français-anglais-ibérique, les phrases justes… Après d'intenses discussions et réflexions au sortir du *Sounders*, les *Dikkenek* écartèrent ces deux hypothèses et arrivèrent simplement à la conclusion qu'ils avaient eu la malchance d'atterrir au pays, selon leurs propres mots, « des gouinasses de ouf ma gueule », pays ô combien barbare et sous-développé. Alors la tête basse, les yeux encore perdus dans l'océan majestueux et brumeux qui leur servit de songe, dans le silence des six heures du matin chargés d'alcool et de fête, ils revinrent à leur hôtel, seuls.

Le lendemain, alors qu'ils attendaient leur avion à l'aéroport de Valence, Kévin posta sur sa page *Facebook* les nombreux selfies qu'ils avaient réalisés la veille en compagnie des nombreuses jolies filles présentes au *Sounders*. Nullement décontenancé par leurs mésaventures et parce que les deux garçons avaient une réputation à défendre, il inscrivit sous ces photos de rêve un message pour leurs potos de Conches-sur-Nouche :

« Wesh les gros ses fini les *Dikkenek*,
fo trop qon s'appel *Los Hidalgos*. Obligé ! »

Mil-Mil le bâtisseur

Depuis des lustres, on nous bassine avec Gustave Eiffel, avec Gaudi, avec Le Corbusier, avec Auguste Perret (mais mon Dieu, quelqu'un osera-t-il avouer un jour que Le Havre, c'est moche, et que tous les bâtiments construits par ce cher Auguste ressemblent à un austère technocrate puceau avec des lunettes métalliques, une petite valise noire à clip, une chemise bleu ciel à carreaux et un slip *Damart* molletonné !!). On nous bassine avec les pharaons, les Grecs et les Romains, enfin avec tous ces noms d'architectes prestigieux ayant érigé à travers les siècles des monuments qui manifestent par-delà les continents le génie de l'Homme, sa créativité et son savoir-faire… Mais on oublie Mil-Mil… Pas une ligne dans les pages des manuels scolaires de nos enfants ! Pas un seul document, pas une seule photo dans les livres d'architecture ou d'Histoire. Max Gallo, lui-même, n'a jamais sorti un bouquin sur lui ! Et pourtant, de tous les génies de la pierre, s'il y en a un qui devrait rester dans nos mémoires, qui devrait orner le fronton de nos fronts mémoriels, s'il devait n'en rester qu'un, cela devrait être Mil-Mil ! Mil-Mil aux multiples surnoms… Mil-Mil le grand, Mil-Mil le bon, Mil-Mil le beau, Mil-Mil le bâtisseur !

C'était il y a fort longtemps, au milieu d'une grande forêt vierge peuplée de marsupilamis et de licornes volantes, vivaient une princesse très belle et un prince très beau gosse (genre Michel Galabru jeune). Non non non, refaisons ça… Il y a quelques années, à Jullouville, commune située sur la côte manchote, vivait non pas une belle princesse vierge, mais un vieil homosexuel lubrique nommé Michou qui tenait un bar appelé *Chez Michou* (ce qui est vachement bien trouvé). Ce Michou-là n'était pas habillé tout en bleu, il ne tenait pas un cabaret, même si cela lui arrivait de se déguiser en princesse Leia lors de soirées *Côté obscur de la force*, le samedi soir, au *Kepler,* une boîte gay basée à Bréville-sur-Mer. Étienne, Momo et moi, à l'époque trois jeunes vingtenaires fringants, fréquentions ce bar tous les vendredis soir, car ce cher Michou, afin de rameuter une clientèle peu nombreuse en basse saison (Jullouville étant une station balnéaire dont le cœur ne bat que l'été), avait mis en place un système de forfaits. Pour vingt euros, on pouvait boire un nombre de bières infini ! Il y avait aussi un forfait sans alcool, mais restons sérieux, nous avions vingt ans… Nos soirées étaient donc très constructives : en jeunes gens pleins d'avenir, sachant combien la société était cruelle, souhaitant optimiser nos chances de réussite en travaillant d'arrache-pied pour réussir nos études pour que nos parents soient fiers de nous et que… sachant tout cela, nous arrivions chez Michou à dix-neuf heures, enchaînions les bières les unes après les autres jusqu'à deux heures du mat' ; enfin, nous nous couchions à deux heures trente dans notre voiture après avoir contemplé la mer et fumé un gros tarpé ! La meilleure binouze était la sixième, car elle était celle du remboursement du forfait ! La septième et la huitième n'étaient pas mal non plus, car en les buvant, on se disait qu'on faisait vraiment une affaire ! À la vingtième, je ne vous dis pas quelle était notre joie ! Nous avions à chaque fois l'impression de faire le casse du siècle, d'être en quelque sorte les Mesrine du houblon, le Gang des Postiches de la Picole !! Évidemment, cela occasionnait quelques excès… En effet, l'appât du gain nous tenant par le foie, notre sens du commerce était tel que nous buvions comme des trous normands !

Un jour, Momo voulut ramener *Chez Michou* une adorable jeune fille blonde (peut-être était-elle la princesse du conte du début ?). Il ne sortait avec elle que depuis deux semaines, mais il voulait nous la présenter. Pour la convaincre, et comme elle faisait des études de psychologie, il lui avait dit : « Non sérieux, tu verras, mes potes y sont vachement sympa ! En plus, c'est pas des beaufs ! Étienne, il fait des études d'archi, et Florian, il est en philo ! C'est des types vachement intéressants ! » Et il avait raison le Momo !! Nous fûmes ce soir-là vachement classes et cultivés jusqu'à minuit, jusqu'à ce qu'Étienne en vienne à parler de son braquemart gigantesque qui lui avait servi à battre Renaud Lavillenie au Championnat du monde de saut à la perche. Pour ma part, je réussis à parler de Freud à la perfection pendant deux heures, mais à minuit, comme le carrosse de Cendrillon qui se transforme en citrouille, la magie avait disparu... Je me mis à voir double et je me transformai en ivrogne dégueulasse. Si bien que vers une heure, alors que la jeune princesse blonde me parlait du complexe d'Œdipe, je vomis sur la table et Michou dut en catastrophe m'apporter une bassine. Je crois que la princesse se sentit un poil offensée ! Deux jours plus tard, étrangement, elle rompait avec Momo...

Deux mois plus tard, alors que nous étions comme d'habitude attablés sur des tabourets à la table située exactement à équidistance des toilettes et du comptoir, la porte du bar s'ouvrit et se referma, et là, comme Clint Eastwood entrant dans un saloon au son de l'harmonica de l'immense Sergio Leone, apparut Mil-Mil ! Bien sûr, nous ne le connaissions pas encore, mais l'homme avait déjà l'allure d'une légende : petit, très rouge, une voix très tremblante, une démarche très bancale, et surtout, surtout, deux yeux mal coordonnés qui mettaient au supplice son interlocuteur. En effet, lorsqu'il entrait et qu'il déclarait : « Michou, trois *Picon* ! », la plupart des clients du bar pensaient que Mil-Mil s'adressait à eux, tant ses yeux étaient comme deux rayons sunlights dans une boîte de nuit bougeant en permanence. Et le pire, c'était que quand vous l'aviez en face de vous et que vous discutiez avec lui, il semblait toujours regarder quelque chose au mur, alors sans le faire exprès, au bout d'un moment, vous étiez obligé de vous retourner pour voir si un cafard ou un lézard ou n'importe quelle bête étrange n'était pas sur le point de vous sauter à la tronche ! « Regarde-moi dans les yeux Mil-Mil, j'ai dit dans les yeux !! »

Au début, nous n'osâmes pas le déranger. Tous les vendredis, vers minuit, il arrivait chez Michou et picolait au comptoir. Nous étions entre potes et nous ne faisions pas attention à lui. Mais un soir, il entra dans le bar muni d'un paquet entier de pains au chocolat et de croissants, un trésor pour nos estomacs d'ivrognes ! Son cœur était en or : il nous offrit tout le paquet ! C'est ainsi que nous connûmes Mil-Mil ! À partir de ce jour-là, à chaque fois qu'il entrait *Chez Michou*, il prenait ses trois fameux *Picon* et venait s'asseoir avec nous. Il buvait cul sec ses trois verres et en redemandait trois. Avec lui, le forfait était amorti en deux minutes. Il ne parlait pas beaucoup, mais ce doit être le propre des grands génies !

Un soir, Mil-Mil entra dans le bistrot avec fracas ; nous comprîmes en le regardant qu'il avait dû forcer à l'apéro un peu plus que d'habitude. Il était une heure, nous étions nous-mêmes passablement éméchés. Mil-Mil, en claudiquant, vint nous rejoindre, tirant avec classe sur sa *Gitane Maïs* (il avait une manière bien à lui de tenir sa clope, entre le majeur et l'annulaire, si bien qu'à chaque fois qu'il tirait une latte, sa bouche disparaissait). La conversation s'engagea entre nous :

— Ça va Mil-Mil, alors quoi d'neuf ce soir ? lança Étienne avec enthousiasme.

— Ah ben l'chantier là ! répondit Mil-Mil dans son impeccable français.

Plusieurs fois, il nous avait expliqué qu'il était boulanger (d'où les pains au chocolat et les croissants), mais ce soir-là, apparemment, il avait changé de métier :

— T'as bossé sur un chantier, Mil-Mil ? Où ça ? reprit Étienne, curieux.

— Ah ben l'chantier là ! répondit Mil-Mil, le plus clairement du monde.

Et il se mit à nous raconter, dans un monologue digne de ceux déclamés par Gérard Depardieu dans le film *Cyrano de Bergerac*, mais tout de même entrecoupé de gorgées de *Picon*, de taffes et d'hésitations d'ivresse, qu'il avait construit, pendant la journée, un lotissement entier de ses propres mains :

— J'ai commencé à six heures, nous dit-il. Là, j'ai terminé !

Le dialogue se poursuivit, de plus en plus surréaliste, car Étienne, voulant en savoir davantage, le questionna de plus belle :

— Mais t'as construit tout un lotissement tout seul ?

— Ouais c'est moi, répondit Mil-Mil.

Mon pote renchérit, en désignant du doigt l'hôtel du casino en face de chez Michou :

— Et le casino là, c'est toi ?

— Ouais c'est moi, répondit une nouvelle fois Mil-Mil, en faisant vriller ses yeux-billes de flipper.

— Et Jullouville alors ?

— Ouais c'est moi !

— Et Avranches ?

— Ouais c'est moi !

— Et le port de Granville ?

— Ouais c'est moi !

Nous restions ébahis, nous avions devant nous le roi des bâtisseurs !! La conversation monta en puissance, les deux combattants se rendant coup pour coup :

— Et le pont de Tancarville ?

— Ouais c'est moi !

— Et l'Arc de Triomphe ?

— Ouais c'est moi !

— Et le mont Saint-Michel ?

— Ouais c'est moi !

— Et le château de Versailles ?

— Ouais c'est moi !

— Et la tour Eiffel ?

La tension était à son comble. Étienne mobilisa toutes ses connaissances architecturales :

— Et le Taj Mahal ?

Mil-Mil prit une taffe :

— Ouais c'est moi !

— Et le Colisée ?

— Ouais c'est moi !

— Et le Machu Picchu ?

— Ouais c'est moi !

— Et la muraille de Chine ?

— Ouais c'est moi !

— Et les pyramides d'Égypte ? s'exclama tout d'un coup Étienne, saisi par la foudre.

Et là, il y eut un moment de silence, un peu comme si le temps s'était arrêté et que tous les animaux de la nature, les hommes, les femmes et même les enfants s'étaient tout d'un coup immobilisés ! Nous regardâmes Mil-Mil avec attention… Celui-ci tira une autre taffe, sonda les profondeurs de son cerveau embrumé, et après quelques minutes de réflexion intense, il répondit en nous fixant de travers :

— Ah non ça c'est pas moi… mais c'est un copain…

Un grand moment, une de nos répliques favorites, de celles dont on se souvient en soirée dix ans plus tard et que l'on aime se redire, se repasser comme un vieux film déjà vu mille fois, et ce même si nos compagnes respectives hurlent : « Mais c'est bon les gars, cette histoire, vous nous l'avez déjà racontée deux cents fois !! » Peut-être, mais cette phrase : « Ah non ça c'est pas moi… mais c'est un copain… » ainsi que la tronche convaincue de Mil-Mil resteront à tout jamais dans ma mémoire, et à chaque fois que je repenserai à cette réplique, un sourire ornera toujours mon visage. Je me souviendrai aussi du fou rire de Momo qui dura à peu près trois heures trente !

Cette histoire n'est pourtant pas terminée… En effet, quelques années plus tard, alors que j'étais de retour chez mes parents dans le Sud-Manche, je poussai de nouveau la porte de *Chez Michou.* Celui-ci me reconnut aussitôt et nous passâmes la soirée ensemble. Il ne faisait plus ses fameux forfaits, mais j'enquillai tout de même les pressions comme au bon vieux temps. Vers minuit, je lui demandai des nouvelles de ce cher Mil-Mil. La mine triste, il m'annonça la mort tragique de notre idole de jeunesse. Mais ce qu'il me raconta ensuite ajouta un chapitre à la légende du plus grand des bâtisseurs. En effet, après que nous nous fûmes, Étienne, Momo et moi, éloignés de Jullouville pour cause d'études supérieures un peu plus studieuses, Mil-Mil avait, lui, continué à boire. Son alcoolisme était tel qu'il perdit son emploi de boulanger et son appartement. Le pauvre n'était plus qu'une ombre errante qui passait *Chez Michou* prendre une dizaine de *Picon* et partait se coucher n'importe où, sur un banc les soirs d'été, dans une maison secondaire abandonnée les soirs d'hiver. Un jour, alors qu'il venait de sortir du bar, Mil-Mil se mit en tête, sait-on pourquoi, de dormir dans une demeure de prestige. À Jullouville, quand vous continuez la rue principale sur deux kilomètres direction Carolles, il y a un château inhabité entouré d'un muret en pierre. Ce soir-là, Mil-Mil le bâtisseur arriva au pied du château, enjamba le muret et, trouvant sûrement une vitre cassée quelque part, il entra dans l'édifice. Il monta l'escalier branlant et se coucha à même le sol, sur un parquet qui devait être un lit de poussière. Deux jours plus tard, alors que des ouvriers entamaient la restauration de la façade, un contremaître entra dans le château et découvrit le corps du pauvre Mil-Mil dans le hall d'entrée. Sous son poids, le parquet avait dû céder : il était descendu d'un étage… J'étais en train d'imaginer Mil-Mil allongé dans les gravats quand Michou me glissa :

— Et tu ne devineras jamais à qui appartenait ce château…

J'avouai mon ignorance et Michou déclara, hilare :

— C'est un château qui date du XIXe siècle. À la base, il avait été acheté par un certain… monsieur Eiffel, Gustave de son prénom !

Ah sacré Mil-Mil, paix à ton âme ! Te voici désormais au paradis des grands bâtisseurs… Peut-être y bois-tu des *Picon* avec le célèbre Gustave et ton vieux pote égyptien…

L'homme qui valait sacrément plus que trois milliards

La dépression de Norbert Besnard commença le 13 mars 2018, aux alentours de quinze heures pétantes. Ce jour-là, levé à six heures du matin, après avoir pris un énorme petit-déjeuner afin de tenir le coup, il s'était enfermé dans son bureau avec son épouse Marie-Bernadette. Le treize de chaque mois représentait un jour important pour eux, car c'était le jour où ils faisaient leurs comptes ! C'était également une journée bénie pour leurs trente-et-un domestiques qui obtenaient à chaque fois vingt-quatre heures de quille. En effet, les deux époux, un peu paranos sur les bords et même en plein milieu, souhaitaient réaliser leurs opérations dans la solitude la plus totale. Ce jour-là, ils ne recevaient personne, ils n'appelaient personne, ils ne regardaient pas leur télévision mille deux cents pouces plus quelques index (en vrai, une salle de ciné au sous-sol), ils ne se baignaient même pas dans leur piscine multi-olympique et ne chevauchaient pas autour de leur hippodrome perso leurs mille et une montures persanes, alezanes, zakopanes et frangipanes. Les hélices de leurs quatre hélicoptères de marque *LA Balavoine* ne tournaient plus, les moteurs de leurs cent quatre berlines rutilantes aux pneus chromés et aux intérieurs cuir de Damas non plus. Pas un bruit, pas une mouche, pas un cafard, le couple Besnard, première fortune de Sainte-Pélagie-en-Oreillon, faisait ses comptes !!

Enfermés tous les deux dans leur bureau-hexagone, les époux s'étaient mis au travail avec rigueur et délectation. Assis dans deux sièges placés côte à côte avec chacun trois écrans sous leurs yeux-conjonctivites, ils avaient ainsi épluché des dizaines de tableaux *Excel* comme on pèle un maximum d'oignons pour réaliser, après une soirée mémorable, une magnifique soupe à l'oignon y croûtons. La tâche était immense : en effet, ils devaient vérifier les comptes de plus de mille sociétés hétéroclites dans lesquelles ils avaient investi. Ils devaient aussi évaluer la valeur de leur patrimoine fait, comme un gosse jouant au *Monopoly* seul dans sa chambre, de dizaines et de dizaines d'appartements, d'hôtels particuliers, de boîtes collectives et de châteaux, manoirs, villas, lotissements, pavillons, immeubles…

Le redoutable Norbert Besnard, surnommé par ses amis « Dent de la mer » pour sa capacité à nager avec voracité dans les milieux ô combien pélagiques du monde des affaires, devait sa fortune à une histoire familiale des plus loufoques : son grand-père Maurice, pur Breton beurré, complètement soûl au *Chouchen* dès neuf heures du matin rue Émile Carcaradec à Brest, était surnommé par les pêcheurs du coin « Ordralfabétix », car sa poiscaille n'était jamais fraîche ! En effet, comme tous ses camarades de pêche, papy Besnard se levait très tôt, prenait son rafiot et ramenait des filets remplis de rougets, de sardines et d'autres mets délicieux. Le problème, c'était qu'arrivé sur terre, le gus s'enfilait par la gueule rasade sur rasade. Il était tellement soûl que, tandis que ses collègues multipliaient les affaires de criée, lui, pauvre bougre riche en alambics, piquait un énorme roupillon et se réveillait à quinze heures en plein après-midi. Il s'éveillait brusquement au milieu de son banc de poissons, entassait ses trésors dans des bacs multicolores et partait en ville. On le sentait à des kilomètres à la ronde, puisque ses pauvres bêtes à branchies, restées plus de huit heures sous le cagnard terrible de Bretagne, avaient eu largement le temps d'exhaler une fraîcheur que le Noroît s'était empressé d'emporter au large : « Pas frais ton poisson, pas frais ton poisson ! » ne cessait-on de lui lancer en se moquant de lui ! À son passage, les restaurateurs fermaient leurs volets tandis que les ménagères enfilaient de colère leurs pince-nez crochus et se barricadaient chez elles en faisant gaffe de ne pas fracasser leur coiffe bigoudène contre le linteau de leur porte d'entrée. Certaines, en furie, lui criaient même : « Tipiak, pirate !! » en agitant leur dentier-kouign-amann ! Au bout de deux heures d'échec, la pêche de Maurice finissait immanquablement dans le caniveau ou dans les gosiers solides des quelques clochards qui, pour le remercier, lui offraient quelques verres supplémentaires de *Chouchen.*

Pourtant, un jour, le fils de Maurice, Michel (donc le père de Norbert selon une logique généalogique imparable…), eut une idée de génie : en voyant son chien Mordor renifler le tas de poissons de son Ordralfabétix paternel, il plaça toute la pêche dans le robot mixeur de sa femme, ajouta deux trois épices qui traînaient par là et appuya sur le bouton *On.* Deux heures plus tard, Mordor se léchait les babines, et trois heures plus tard, toute la famille se délectait de l'invention gastronomique du Bocuse breton. Le petit Norbert, à l'époque âgé de trois ans, en voyant le plat cuisiné par son père, s'écria : « C'est kro bon le Poiton ! » Une deuxième lumière s'alluma dans le cerveau-Tesla du génial Michel : il allait commercialiser la pêche de son père sous le nom de : « Poiton Pâtée ».

La légende était en marche : en quelques années, la famille Besnard devint immensément riche. Les boîtes de *Poiton Pâtée* se vendaient comme des petits pains ! Fourrées à l'ail, à la ciboulette, à l'estragon ou encore à la vanille, elles sillonnaient les mers et les océans. Le vieillard Odralfabétix vit les volets des ménagères s'ouvrir. Il ne pêchait plus, mais son fils employait à travers la Bretagne des centaines de pêcheurs. Transformés dans son usine ultra moderne, les poissons toujours pas frais devenaient un régal pour les familles françaises et internationales. La consécration survint le 3 juillet 1999 lorsque les spectateurs du monde entier entendirent dans le nouveau James Bond *Hier finira par mourir demain* l'acteur principal Clovis Cornillac demander à la sublime Mathilde Seigner :

— With the cup of Veuve Clicquot, a little of *Poiton Pâtée ?*

Le Must, la gloire, le Graal pour l'entreprise familiale bretonne !!

Après cinquante ans de bons et loyaux services, le père Michel transmit l'entreprise-trésor à son fils Norbert. Depuis maintenant dix ans, l'héritier faisait fructifier la boîte. Grand ami de Stéphane Pizza, l'Einstein de notre époque brillante, les deux hommes jouaient de temps en temps au golf. Stéphane s'occupait des placements immobiliers de Norbert, Norbert emmenait Stéphane à l'opéra et au théâtre. L'immobilier et le *Poiton Pâtée*, tels étaient les deux branches les plus majestueuses de l'incroyable candélabre que formait la fortune de celui que l'on surnommait aussi « Bébert le frelon » à cause de son redoutable sens des affaires ! Avec le temps, disposant de nombreuses actions dans différentes entreprises, la richesse de Bébert devint colossale. Il n'investissait plus, il jouait tout simplement, comme un as du poker au cours d'une partie chanceuse qui a devant lui les trois quarts des jetons et qui s'amuse avec celui qui ne détient que le reste et qui se bat comme une mouche pour ne pas se faire avaler par l'ogre insatiable. Au final, et même si la mouche se révélait souvent courageuse, c'était Bébert qui gagnait ! Même ses échecs étaient devenus des titres de gloire…

Alors que d'ordinaire, on ne percevait nada dans le manoir, ce jour-là, le 13 mars 2018, à quinze heures six précises, on entendit Marie-Bernadette pousser un cri terrible, comme si elle avait vu Freddy-ongles manucurés ou Chabal le désosseur !! Le gardien du manoir, Jacky, éteignit sa télé et courut vers le bâtiment principal : il craignait le pire ! Une dispute conjugale, une crise cardiaque ou bien une mauvaise chute ! Quand il fracassa la porte du bureau hexagone, il trouva Marie-Bernadette au sol, au bord de l'apoplexie. Sur ses joues coulaient deux rivières de larmes. Norbert, lui, se tenait dans le canapé, comme un fantôme. Il semblait avoir reçu un choc terrible. Les yeux fixant un vide inconnu, il paraissait prématurément vieilli. Jacky le questionna :

— Monsieur Besnard, dites-moi ce qui est arrivé ?

Mais Norbert ne lui répondit pas. Il se contenta de répéter la même petite phrase en boucle :

— C'est terrible, c'est terrible, c'est terrible…

Jacky se tourna alors vers Marie-Bernadette. Il la releva, la prit dans ses bras et l'installa sur le sofa en skaï mauve. Il lui tapota les joues et renouvela sa question :

— Marie-Bernadette, dites-moi ce qu'il s'est passé ?

— C'est terrible, lui répondit l'épouse transie, c'est terrible !

— Mais bon sang, dites-moi ce qui est arrivé ! Comment puis-je vous aider si vous ne me dites pas ce qu'il s'est passé !

— C'est terrible, Jacky, terrible !

— Allez dites-moi, Marie-Bernadette, dites-moi tout !

Après quelques minutes d'intenses sanglots, la vieille femme planta son regard inondé dans celui de son jardinier, et lui balança l'horreur :

— Jacky, écoutez, c'est terrible.

Elle s'arrêta de nouveau.

— Qu'est-ce qu'il y a, Madame Besnard ? s'impatienta le fleuriste.

— Jacky, c'est terrible… snif… snif… snif… Nous avons perdu trois milliards d'euros !!

Homme pratique, Jacky le jardinier prit la pauvre Marie-Bernadette devenue un mollusque incapable de marcher dans ses bras musclés et l'emmena dans la petite cuisine du manoir, estimée tout de même, selon Stéphane Pizza, à deux cents mètres carrés. Il utilisa l'évier double vasque pour humidifier avec de l'eau froide deux torchons *Vuitton* qu'il déposa sur le front brûlant de la maîtresse de maison. Il lui proposa également du café et ajouta :

— Madame Besnard, afin que vous puissiez encaisser ce choc terrible, voulez-vous que je vous serve votre café dans votre tasse préférée ?

— Laquelle, mon petit Jacky, laquelle ? sanglota la pauvre femme.

— Celle en porcelaine de Limoges, Madame, vous vous en souvenez, celle que vous avez achetée trois millions d'euros l'autre jour !

— Oh oui, mon p'tit Jacky, oh oui oh oui, décidément, vous connaissez ce qui me fait plaisir !

Magnanime, le jardinier savait qu'il fallait, pour que sa maîtresse reprenne ses esprits, qu'il lui rappelle certains attributs de sa fortune :

— Et après, Madame, si vous le voulez bien, je sortirai la Maserati…

— Celle qui a coûté sept cents millions ?

— Encore mieux, Madame, celle à neuf cents millions !

— Oh oui mon petit Jackinet, oh oui ! se ragaillardit madame Besnard.

— Et je vous emmènerai place Ventouse, à Sainte-Pélagie, vous savez, *Chez Triton*, et vous achèterez une paire de gants à douze mille euros.

— Oh oui oh oui mon Jackinou, oh oui ! s'émut la vieille autruche. Oh oui oh oui oh oui…

Ensuite, Jacky abandonna Marie-Bernadette et regagna le bureau de son maître Norbert : il trouva celui-ci dans la même position qu'il l'avait laissé : dans son fauteuil, groggy, répétant inlassablement :

— C'est terrible… C'est terrible… C'est terrible…

Jacky essaya de le raisonner, rien à faire. Il tenta vainement de le porter, mais les cent trente kilos d'abondance de Norbert rendaient cette tâche quasiment impossible ! Les autres domestiques, eux aussi alertés par les cris de Marie-Bernadette, lui vinrent en aide. On transporta le maître des lieux dans sa chambre. On dut lui administrer une plaquette entière de somnifères pour qu'il cesse de répéter sa litanie funeste :

— C'est terrible… C'est terrible… C'est terrible…

Le lendemain, Marie-Bernadette, dont les capacités de résilience toute féminine faisaient constamment des merveilles, était debout dès six heures du matin. Elle appela Francis Longlet, l'expert économiste chevelu de la chaîne d'info *Be News*, afin qu'il vérifie les comptes. Après trois heures de travail acharné dans le bureau hexagone, l'intellectuel ressortit éreinté, ses longs cheveux trempés de sueur. Marie-Bernadette l'interrogea aussitôt. Il fut catégorique :

— Je suis désolé, ma chère Marie-Bernadette, toutes mes condoléances, il faudra se montrer forte... Soyez assurée de mon soutien dans ces moments difficiles... Vous avez effectivement perdu trois milliards d'euros...

La pauvre milliardaire étouffa un sanglot, mais eut la force de lui demander :

— Et alors, Monsieur Longlet, soyez franc avec moi, même si ce que vous avez à dire est terrible, dites-moi la vérité : combien nous reste-t-il ?

Francis Longlet regarda la vieille femme en plissant les yeux comme le chef indien Mamabounabouni quand il s'apprête à raconter une histoire pleine de sagesse, appuya son coude contre la poutre à la manière de Brad Pitt dans le film *Troie* devant Priam, et lui lança d'une voix chargée d'émotion :

— Marie-Bernadette, il ne vous reste plus que quatre-vingts milliards d'euros !

— Et pensez-vous que Norbert sait cela ?

— Il le sait, Madame, il le sait depuis le début. J'ai peur qu'il ne s'en remette jamais...

Laissant la veuve se resservir une tasse de café, monsieur Longlet monta trois étages et s'installa au chevet de monsieur Besnard. Dans le silence mortuaire qui régnait désormais dans cette maison close, on l'entendit murmurer :

— Il faudra pourtant vivre, Norbert, la vie ne peut s'arrêter là...

Ces paroles n'eurent pourtant aucun effet sur Norbert. Au contraire, de jour en jour, on vit son humeur se détériorer. Il ne sortait jamais de sa chambre. Il ne voulait plus se nourrir. On lui apporta du caviar de Saint-Pétersbourg que l'on déposa en fines couches sur du foie gras de Saint-Barth déposé lui-même sur une galette fourrée à la truffe de Monaco, rien n'y fit ! Il refusa le plat qui termina sa course dans la gueule de Mordor III, le petit-fils de Mordor I. Lorsqu'on tentait de le sortir de chez lui, bras dessus bras dessous, il traînait des pieds ou partait errer comme une âme en peine dans la campagne environnante. On le retrouvait assis sur un banc, groggy, répétant encore :

— C'est terrible… C'est terrible… C'est terrible…

Ses amis milliardaires vinrent le voir en jet privé. Ils le forcèrent à jouer au golf avec eux, mais Norbert n'avait envie de rien. Ils lui expliquèrent les solutions qui s'offraient à lui pour récupérer sa fortune :

— Mais Norbert, tu n'as qu'à licencier trois cent mille ouvriers et puis c'est bon ! s'exclama Niels Xantier, le PDG de l'entreprise *Free Frites*, leader mondial des distributeurs de barquettes chaudes.

— Ou alors tu n'as qu'à demander à notre cher président Mino Miquelot, de nous pondre une loi de réduction des cotisations patronales, suggéra un autre de ses fidèles amis.

Mais encore une fois, rien n'y fit ! Non seulement Norbert n'allait pas mieux, mais en plus, il se mit à boire, régulièrement. Au départ tous les soirs. Ensuite tous les midis. Enfin tous les matins, dès l'aube, à l'heure où jaunit le Pastis…

Au Balrototo, le bar situé à quelques pas du manoir de Norbert, on se félicitait de cette soudaine dépression ! En effet, tous les jours, « monsieur Nanard », comme le surnommaient les habitués du zinc, offrait la tournée des grands Ducs aux poivrots du village qui se passèrent gentiment le mot : la poule aux œufs d'or offrait à l'œil et on se rinçait l'gosier pour pas cher ! Les bringues s'enchaînaient pour le plus grand plaisir de tous quand un soir d'automne en sirop d'érable, Bonaventure Lebeurrier, producteur de fromage de chèvre sur le plateau de l'Aubrac, s'arrêta à Sainte-Pélagie-en-Oreillon. La veille, il s'était rendu au marché aux bestiaux de Conches-sur-Nouche afin d'acheter une dizaine de spécimens pour un cheptel qu'il cherchait à agrandir. L'affaire conclue, le vendeur lui indiqua l'endroit parfait pour se soulager l'œsophage : le *Balrototo* ! Raymond, le patron (parce que tous les patrons de bar s'appellent Raymond…), l'accueillit avec enthousiasme. Bonaventure s'installa à côté de Norbert et les deux hommes trinquèrent ensemble. Au bout de trois heures, soûls comme des verrats, ils furent mis dehors par le cafetier, titubèrent quelques minutes sur le trottoir et se finirent à la vodka dans le camion de Lebeurrier. Dans un accès de générosité, le marchand de chèvres proposa sa couchette au milliardaire en lui disant dans un français approximatif :

— Vas-y mon vieux, vas-y mon vieux ! J'te dis vas-y mon bieu, va-t'en d't'coucher ! Moi j'reste au volant, on sait jamais, si y a les flics j'détale, j'démarre ! Vont pas m'emmerder ces cons, j'ai l'droit d'dormir t'sais, j't'aime ben toi, t'es pas bégueule comme mec toi, t'es pas comme ma femme c'te…

Le sommeil mit un terme à ce discours brillant… Le lendemain, quand il se réveilla, la joue collée sur son klaxon, Bonaventure oublia complètement son camarade de murge, démarra son camion et entreprit la route du retour. Après presque neuf heures de camtar non-stop, il arriva à sa ferme et fit descendre ses chèvres. Lorsqu'il vit parmi son troupeau à quatre pattes un homme habillé en costard, il se souvint de la veille et cria à son invité :

— Ben mon vieux, tu dors comme une bique toi ! Ben j'tai oublié, tu vas d'voir crécher par-là maintenant.

Il le fit rentrer chez lui, le présenta à sa femme, à ses enfants, et c'est ainsi que Norbert Besnard, le PDG du groupe *Poiton Pâtée*, plus grosse fortune de Sainte-Pélagie-en-Oreillon, troisième fortune mondiale, débarqua chez les Lebeurrier dont la place au classement *Forbes* se situait loin, très loin, très très loin du top cent mille !

Évidemment, les premiers moments furent difficiles pour Norbert : se laver dans une auge pour bœufs et non dans une baignoire en email doré, revêtir des gilets en laine *made in Au-*

brac et non des costumes trois pièces à seize mille euros chacun, s'allonger sur une paillasse de grange et non sur la dernière trouvaille de chez *Epéda Deluxe*, un matelas associant la texture de la poudreuse de Val-Thorens à la chaleur du caleçon d'un homme ayant reçu pour son anniversaire une Wonderbox « Strip-tease intégral Rihanna façon Hot-Dog Hot-saucisse » ; se nourrir de patates au beurre de chèvre et non de velouté d'écrevisses sur son hamac de courgettes gabonaises cuites à la vapeur d'eau du fleuve Yangzi Jiang ! Oui, au départ, tout ça lui parut extrêmement difficile ! Mais comme le dit si bien notre éminent penseur pseudo-marxiste Gérard Miller dans un article du magazine *Valeurs actuelles* paru le 7 février 2012 : « La capacité résiliente de chaque entité hominidale augmente en fonction du différentiel cognitif produit par une recrudescence cataclysmique de l'environnement sinusoïdal », ce que Freud a très bien remarqué par ailleurs dans son célèbre essai *Psychopathologie de l'esbroufe*. En gros, plus on en chie, plus on s'en sort !

C'est ce qui arriva à Norbert ! Au contact de Bonaventure et de sa famille, au contact de la nature environnante, au milieu du plateau de l'Aubrac, dans les matins d'automne ponctués de lumière, de silence et de vastes étendues brumeuses, il se mit à réfléchir :

— Réellement Norbert, à quoi cela te sert d'accumuler des millions sur le dos sans cesse voûté de salariés qui s'échinent dans le seul but de t'engraisser ? À quoi cela te sert-il d'accumuler les billets verts tandis que la seule contemplation des champs suffit désormais à ton bonheur ? À quoi cela te sert-il d'acheter des yachts, de te déplacer dans des jets privés, de collectionner les œuvres d'art à coups de millions, à quoi cela te sert-il de *sur-vivre* dans le luxe alors qu'ici, tu n'es riche que de soleil, de sérénité et de pâturages ? Ces nourritures remplissent ton assiette, que n'as-tu besoin d'accumuler la richesse comme si tu voulais que celle-ci monte jusqu'au ciel ! Ce seul plateau te contente, son silence t'apaise plus que les sommets de l'Olympe-Dollar, son horizon te rend beaucoup plus heureux qu'une OPA rondement menée !

Ces mots, Norbert Besnard les prononça au matin du 13 mai 2019. Malheureusement, personne, mises à part quelques vaches indolentes qui mâchaient leurs brindilles comme des adolescentes ruminant leur chewing-gum *Hollywood* au milieu d'un cours de mathématiques ennuyeux, n'entendit ce discours magnifique. Quelques heures plus tard, il redescendit de son plateau, emprunta le camion de Bonaventure et retourna à Sainte-Pélagie-en-Oreillon. Sa décision était prise : il avait décidé de léguer toute sa fortune aux nécessiteux de tous bords, en particulier aux ouvriers, qui, tout au long de leur vie, avaient trimé pour lui !

De retour chez lui, lorsqu'il annonça sa décision à Marie-Bernadette, à ses enfants, à ses conseillers, à ses courtiers, à ses collaborateurs, tous crurent à une blague ! Au départ, on entendit des : « Quel déconneur ce Norbert, oh c'est bon, on l'a r'trouvé ! » Ensuite, quand tout le monde s'aperçut du sérieux de sa démarche, les critiques fusèrent :

— Mais voyons, Norbert, tu ne vas tout de même pas donner toute ta fortune aux pauvres ! s'indigna son meilleur ami Niels.

— Bien sûr que si ! répondit énergiquement Besnard. Je me suis rendu compte que je n'avais pas besoin de tout ça pour vivre !

— Mais tu n'es pas sérieux, mon Bébert chéri, cria Marie-Bernadette, donne-leur de la brioche *Pasquier*, mais pas notre fric !

— Ma mie, répliqua-t-il, je veux leur donner non seulement de la brioche, mais aussi toutes les parts de notre gâteau, et même les croûtes !!

— Oh non Bébert, non ! s'emporta Marie-Bernadette. Tu ne veux quand même pas vendre les tableaux !

— J'ai dit même les croûtes ! poursuivit Norbert.

— Même les Tapiès, même les Pollock, et nos Jeff Koons ?!

— J'ai dit toutes les croûtes, et même les croûtons ! De toute façon, ce n'est pas de l'art, c'est juste de la pâtée pour clébards milliardaires qui ne savent pas quoi foutre de leur pognon et qui se torchent avec des toiles aux motifs *Moltonel* !

Les « oh oh oh » de stupeur se multiplièrent dans le salon du manoir ! Décidément, Norbert Besnard, le richissime Norbert Besnard, le golden boy du Finistère, l'entrepreneur surdoué, était devenu complètement fou !

Aussitôt après son discours, la riposte s'organisa ! Marie-Bernadette, ses enfants ainsi que tous ses collaborateurs se liguèrent en sous-main contre lui. Sous prétexte de lui faire passer quelques scanners médicaux après son escapade campagnarde au milieu de vaches peut-être folles, on l'interna dans un hôpital et on lui fit passer des tests par un collège de praticiens spécialisés dans la psychologie pécuniaire. Devant les psys, sous le regard éberlué de tous ses proches assistant aux entretiens derrière une glace sans tain, Norbert multiplia les propos incohérents :

— Il y a trop d'inégalités en France. Il faudrait redistribuer l'argent.

Délirants :

— Il n'est pas normal qu'un patron touche autant d'argent. Le système capitaliste n'est pas juste.

Voire carrément démentiels :

— J'ai pris conscience que je ne valais pas cet argent et que le bonheur n'est pas dans l'accumulation, mais dans le partage.

Derrière la vitre, Marie-Bernadette fit une syncope !

— Ma parole, s'écria-t-elle avant de tomber sur le lino orange, ma parole, si ça s'trouve, chez le marchand de chèvres, il a dévoré *Le Capital* de ce diable de Marx !!

À la fin de l'entretien, une troupe d'infirmiers aux physiques de déménageurs bretons entrèrent dans la salle d'examen et

Norbert Besnard fut emmené manu militari à l'hôpital Emmanuel de Rothschild (du nom de son fondateur) où l'on soignait les milliardaires récalcitrants, les nouveaux riches complexés ainsi que les jeunes bourgeois guévaristes. On installa l'illustre PDG du groupe *Poiton Pâtée* dans une chambre vide et on l'immobilisa dans une camisole blanche. Pour le calmer, on lui administra de puissants sédatifs. Au plafond, trois écrans plasma retraçaient les success-stories de Franck Bloomerberg, Jeff Pesos et Mark Kintosh, trois des hommes les plus riches de la planète. Pendant quinze jours, sans aucune nourriture, le malade eut droit à ces retransmissions hagiographiques en boucle. Le quinzième jour, il était affamé !! Le seizième jour, deux infirmiers entrèrent dans sa chambre et le conduisirent dans une immense salle déserte. Au bout de cette salle, il y avait deux portes. Sur la première était écrit :

Menu Afrique
Bol de riz à la rwandaise

Sur la deuxième était inscrit :

Menu Europe
Risotto à l'italienne
Saumon à la norvégienne
Chorizo à l'espagnole
Pâtisserie à la française

Rebelle, Norbert franchit la porte du continent noir, mangea son bol de riz, mais au bout du vingt-troisième jour de diète, n'y tenant plus, il quitta le Rwanda et débarqua en Europe, où il profita d'un repas gargantuesque ! Repu, le malade fut emmené dans une salle de conférences où il assista pendant trois jours au défilé des intellectuels néolibéraux :

– Jacques-Alain Big Mac lui expliqua qu'il avait gagné son bide rempli de graisse à la sueur de son front, que les inégalités étaient bonnes et que les riches étaient riches parce que les pauvres étaient trop bêtes pour devenir riches !

– Jacky Lhallali lui démontra que la seule doctrine valable était le néolibéralisme et que les pauvres étaient pauvres car ils étaient trop cons pour devenir riches !

– Lilith Maquerelle, la présidente du Medef, lui serina que les pauvres ne savaient même pas lire, qu'ils n'avaient pas de dents, qu'ils buvaient six bouteilles de rouge par jour, qu'ils fumaient trois paquets de *Gauloises* sans filtre par heure, qu'ils étaient tous consanguins et tous supporters du RC Lens !

Lobotomisé, on plaça ensuite Norbert dans une salle de théâtre où une troupe de comédiens fut chargée de lui interpréter des scénettes didactiques sur le bonheur qu'offrait notre civilisation occidentale. L'une d'entre elles montrait un petit noir, au ventre-kwashiorkor, recevant dans son écuelle de manioc une balle de golf jouée par un milliardaire effectuant un dix-huit trous au Kenya. Le petit noir est content et tend la balle vers le golfeur. Le rideau s'abaisse puis se lève et l'on voit le petit noir devenu grand, un club à la main. Il est bien habillé, bien-portant, et il tient son bide mahous à deux mains en s'exclamant : « Norbert, crois-moi, grâce au capitalisme, il n'y a pas que du manioc dedans ! » D'autres scènes suivirent, montrant à Norbert un monde de richesse, de vertu et de plaisir…

Marie-Bernadette et ses enfants rendirent souvent visite à leur père et ils amenaient à chaque fois un PowerPoint qui présentait les courbes ascendantes de leur fortune. Il y eut un moment absolument magnifique entre le mari et la femme, un soir d'automne, sur un des bancs du parc de l'hôpital Emmanuel de Rothschild : tandis que les deux tourtereaux s'enlaçaient langoureusement, Marie-Bernadette sortit de la poche de son manteau vison un exemplaire des *Échos* dont le titre était : « Le *Poiton Pâtée*, c'est pas du cinéma ! » L'article, rédigé par le grand économiste et ami de la famille Francis Longlet, expliquait qu'après un coup de mou en mars 2018, le groupe Besnard avait su relever la tête et avait engrangé en 2019 plus de dix milliards de chiffres d'affaires ! Tout d'un coup, Marie-Bernadette vit un sourire inespéré s'esquisser sur les lèvres de son mari. Il semblait guéri… Enfin !!

Quelques jours plus tard, le magnat de la poiscaille était de retour chez lui ! Sur le perron en marbre d'Abyssinie, Jacky le reçut chaleureusement. En homme de devoir, le jardinier s'était occupé de tout : l'entretien des parterres, de la pelouse, des plantes, des fleurs et de la maîtresse de maison… Dans le grand salon transformé en salle de banquet, Norbert Besnard eut l'agréable surprise d'apercevoir tous ses amis réunis ! On fit ce jour-là bombance ! Les plats se succédèrent et de nombreux rires vinrent tapisser les murs. Au dessert, Jacques-André, le fils cadet du couple, apporta une adorable surprise : Michel Junior, treize mois, le dernier descendant de la famille Besnard !! Heureux, le grand-père prit son petit-fils dans ses bras et le brandit comme un trophée. Et quel ne fut pas le fou rire de tous les milliardaires présents lorsque Michel Junior, alors que Norbert lui répétait en boucle « Papy » pour qu'il prononce le mot magique devant tout le monde, gonfla ses joues, écarquilla les yeux et cria au lieu du mot tant attendu :

« PROFIT ! PROFIT ! PROFIT ! »

La Métamorphose

Dans les ruelles de Saint-Ernestine-des-Groseillers, tous les habitants sont d'accord sur une chose : Isabella Capillette a changé ! Eux, ils ont connu la petite fille chubby aux belles boucles blondes qui trottait sur les pavés, tenant la bride bien fermement entre ses poignes potelées, juchée sur son fidèle *Général du Cointreau*, un poney shetland gris métallisé qui l'accompagnait dans tous ses déplacements. Ils ne reconnaissent plus dans les traits de la femme belliqueuse la petite *Bébelle*, comme ils aimaient la surnommer autrefois. Avec mélancolie, ils la revoient encore arrêter son Petit Tonnerre près de la fontaine de la place Jean Duchaussoy, lui donner un peu de foin, lui caresser gentiment la croupe, l'attacher au chêne du père Maurice, faire un saut ou plutôt une roulade vers la boulangerie de la mère Miche Miche, acheter ses dix pains-chocolatines, ses six croissants, ses quatre pépitos, ses trois brownies et s'empiffrer joyeusement en prenant le chemin de l'école. Elle arrivait là-bas la bouche encore pleine de miettes-confettis et cela faisait rire mademoiselle Martin, l'institutrice du village, qui adorait cette petite cancre ayant redoublé trois fois sa petite section, mais qui, tout comme l'irruption d'un plat rempli de chipolatas fait le bonheur des amateurs de BBQ, créait la joie autour d'elle !

Certes, la petite Bébelle n'était pas très intelligente, mais ses nombreuses saillies esquissaient sur tous les visages un sourire délicieux. Lorsque l'institutrice évoquait les plus grands sommets de la Terre, Isabella, la tête encore pleine d'une crème dessert qu'elle avalait par litres, répondait invariablement le « Mont Blanc », et ce même si l'on était en train de parler des plus grandes cimes himalayennes. Une fois, elle avait fait rire toute la classe lors d'une interrogation orale sur les cités incas du Brésil. Lorsque mademoiselle Martin avait demandé le nom de la merveille architecturale réalisée par cette prestigieuse civilisation, Isabella avait tout d'un coup brandi sa main, s'était soudain léché les babines et s'était exclamée, confiante : « Le Tiramisu ! »

Adolescente, elle avait été la bonne copine souriante de tout le monde, et même, malgré un embonpoint des plus marqués, la très bonne copine de pas mal de garçons. En effet, ces derniers aimaient culbuter dans les foins ce mignon round baller qui ventousait les esquimaux comme personne. Elle avait donc grandi dans l'insouciance, dans l'amour et dans l'adoration de la nature ; par conséquent, à Saint-Ernestine-des-Groseillers, on ne comprenait pas pourquoi et comment avait-elle pu changer autant ! À quinze ans, les Groseillois avaient vu partir leur mascotte en pensionnat pour suivre une formation d'asticotage de chibre avicole au CFA de Conches-sur-Nouche. Au bout de trois ans, Isabella avait obtenu son diplôme haut la main et avec les félicitations du jury ! Revenue au pays, elle s'était lancée avec son meilleur ami Guillomin Monnier dans la récolte d'œufs de dinde, et ils avaient obtenu tous les deux, grâce à leur savoir-faire en matière d'eugénisme, la « Médaille d'or 1998 des métiers de bouche, catégorie Omelettes Exotiques » ! Leurs œufs voyageaient partout dans le monde : la mère Poulard se fournissait chez eux, même Donuts Trompe, le président Picsou des États-Unis, vint visiter leur poulailler et Bébelle lui fit une démonstration d'asticotage de col-vert, une espèce rare. Le résultat fut détonant : au bout de quelques jours seulement, la dinde honorée pondit un œuf prestigieux aux couleurs de l'oncle Sam. En hommage, on baptisa l'omelette mitonnée à partir dudit œuf *L'Ivanna* !!

Le succès n'avait pas empêché Bébelle de profiter des plaisirs de la vie ! Elle aimait bien entendu la bonne chère et, tout comme Coluche lors de ses années folles, on trouvait toujours chez elle une joyeuse bande qui jouait de la guitare, buvait du vin, de la bière, de la vodka, de la téquila et du jus d'abricot, fumait clope sur clope, et même joint sur joint, prenait de temps en temps de la coke ainsi que quelques autres substances illicites, le tout sur fond de Bob Marley et de Janis Joplin. Le matin, tandis que les noceurs étaient encore en train de cuver leurs folies, Isabella, roulant sur les corps, se rendait à la cuisine, avalait un poulet et retournait à ses activités masturbatoires. Elle avait, disait-on, la main baladeuse, la « main verte », comme raillaient les anciens, et c'est au cours d'une de ces nombreuses saillies que la foudre sembla la frapper, ce qui provoqua chez elle une métamorphose des plus incroyables !! À la télévision, dans les journaux, Isabella Capillette a l'habitude aujourd'hui de raconter cet épisode marquant de sa vie, cette fameuse nuit du 6 août où, selon elle, elle a subi à la fois un débarquement et une bombe : d'abord l'irruption du Seigneur dans son existence, puis l'explosion de toutes les antivaleurs qui avaient fait d'elle une créature diabolique nommée Bébelle, créature remplie de fête, de chair, de foutre, de stupre, de vice, de sexe, de luxure et de péchés ! Cette explosion, en détruisant tout sur son passage, a laissé sa vie en jachère, et « sur cette terre désolée », a-t-elle l'habitude de confier au journaliste Jean-Michel Bourdon, « j'ai bâti une cathédrale »…

C'était un soir d'août, une vaste nuit chaude et suffocante comme seuls peuvent en connaître les habitants du Pas-de-Calais. Ce soir-là, celle qui se prénommait encore Isabella se rendit au *Pine d'huître,* la célèbre boîte échangiste de Conches-sur-Nouche. La soirée était déguisée : elle avait endossé le costume de Blanche-Neige… Pendant trois heures, elle se fit lutiner par un journaliste du coin, José Lichonette, porte-plume au *Petit Ramoneur* et qui tirait à plusieurs exemplaires. À minuit, Bébelle fut entraînée lubriquement dans ce que l'on appelait « La Cave aux lapins » par une troupe de joyeux lurons-*Benetton* composée d'un Chinois, d'un Japonais, d'un Congolais, d'un Norvégien et d'un Afro-Yougoslave brésilien qui s'appelait curieusement Didier ! Au bout de quatre heures, et alors qu'elle subissait encore les assauts du Yougo-afro-corcovado, Isabella Capillette s'immobilisa : en face d'elle, devant son visage boursouflé de plaisir, transpirant de jouissance, se tenait le Christ, mains posées sur son entrejambe en signe de prière et qui brandissait son petit Jésus ! Le Messie avait dans le coin de ses lèvres un mégot dégageant une odeur d'herbe jamaïcaine. Il était également coiffé d'un béret-Bob Marley et disposait d'un ventre aussi proéminent que celui de Gérard Larcher après un gueuleton au Sénat ! Il ne portait aucune barbe, mais de sa bouche dégoulinait de la confiture qui en tombant venait s'insérer entre ses orteils. Choquée par cette apparition, Isabella prit peur et se cabra… Comprenant que sa cavalière devenait soudain rétive, l'étalon cosmopolite relâcha la bride. Il mit pied à terre, pendant que Bébelle, agenouillée, réclamait l'hostie divine ! La bouche grande ouverte, subitement, elle vit le Christ-Rastafari s'agrandir et se transformer en un gigantesque juge en robe noire coiffé cette fois-ci d'une auréole de lumière. Tenant désormais dans la main gauche un maillet de justice, il hurla cette sentence : « Isabella, Isabella, tu as vécu trop longtemps dans le péché ! Va prendre une douche et lave-toi toutes les parties du corps avec du gros savon de Marseille. Ensuite, rends-toi à l'église la plus proche, prends des cours de catéchisme, fais-toi baptiser, fais ta première et ta deuxième communion ainsi que ta confirmation. Confesse-toi, brûle des cierges, rends-toi à la Manif pour tous, milite contre l'avortement, achète sur le site de la *Fnac* une place à deux cents euros pour le parc du Puy du Fou et va à la rencontre de Philippe de Villiers. Va ma petite pucelle *(il arrive même au Christ de formuler des erreurs de jugement)*, va-t'en sauver le royaume de France ! » Lorsque la Bernadette Soubirous conchoise eut terminé d'écouter ces saintes paroles, il était déjà huit heures du matin ! Elle fut réveillée par Martine, la femme de ménage, qui lui hurla elle aussi dessus : « Ben tu vas donc t'rhabiller la gonze, nous, faut qu'on passe la toile ! » Sainte Isa sortit de sa torpeur… Elle se vit toute nue, entourée de préservatifs usagés. Les yeux soudain dessillés, au milieu de cette cave infernale où régnaient en despote les démons tentateurs et leurs sept péchés capitaux, Isabella éprouva de la honte et s'enfuit à grandes enjambées…

Dès lors, on ne la reconnut plus ! Elle commença par changer de prénom : Isabella n'existait plus, Isabeau prit sa place. Elle expulsa ensuite tous les parasites qui vivaient chez elle au cri de « Fainéants Mécréants » ! Elle s'attaqua notamment à un couple d'homosexuels, Jean et Mathieu, qu'elle avait connu en chevauchant son poney sur un chemin de campagne. Munie de son manche à balai, elle les mit dehors, les coursa jusqu'à la barrière de son domaine en vociférant : « Aux chiottes les fiottes ! » Cette action la rendit célèbre dans tout le village et Frigitte Bardot, une des têtes d'affiche de la Manif pour tous, l'enrôla dans son association « Aime ton prochain, mais pas les Tintins » ! Lors de la réalisation des affiches, le sens de la formule de la nouvelle Isabeau fit des ravages et c'est ainsi qu'à Saint-Ernestine-des-Groseillers, la Manif pour tous eut un succès retentissant. On circulait dans les rues aux cris de :

« Tafiole ras l'bol ! Tafiole en tôle ! »

Ou encore :

« Tafiole Camisole ! Tafiole Variole ! Tafiole Vérole ! »

Venu couvrir l'événement, José Lichonette, le journaliste du *Petit Ramoneur*, n'en croyait pas ses yeux ! Celle qu'il avait chevauchée plusieurs fois de suite au *Pine d'huître* brandissait elle aussi une pancarte et elle semblait tout à fait à l'aise dans cet univers ! Il s'approcha de son ancienne conquête et sur tous les écrans de télévision, le soir du 24 juin 2016, toute la France découvrit le visage d'Isabeau Capillette qui déclarait avec véhémence : « Quand j'entends le mot tapette, je sors mon arbalète ! »

Au siège du PAB (le Parti Anti-Bougnoules), les plus hauts dirigeants remarquèrent cette passionaria jadis « Marie Couche-toi-là » devenue entretemps « Marie Je-couche-pas-je-consomme-pas-je-reste-assise », et s'intéressèrent à elle. Leur parti manquait de femmes, en voici une qui possédait des couilles ! Le président Jean-Daniel de la Gourtadelle la convoqua au siège du parti, rue Montretout. Elle fut soumise à un interrogatoire sévère :

— Vos auteurs préférés ?

Elle répondit :

— Éric Zemmour et Nadine Morano.

Elle empocha dix points ; les questions du jury et les réponses de la candidate s'enchaînèrent :

— Quelle est la principale qualité d'une femme ?

— Son pot-au-feu !

Vingt points !

— Quel est votre type d'hommes ?

— Ceux qui en ont une grosse paire.

Avancez d'une case :

— Que fait une femme lorsqu'elle rencontre un homme pour la première fois ?

— Sa vaisselle !

Quarante points !

— Que doit-on faire des immigrés ?

— Les jeter avec l'eau du bain !

L'ancienne fille de joie fut reçue cinq sur cinq…

Son ascension au sein du parti fut incroyable : elle devint bientôt la coqueluche des médias et la tête de gondole du PAB. Lors de sa première tentative et au premier tour, elle remporta la mairie de Saint-Ernestine-des-Groseillers : Bébelle n'était plus cette petite boulotte qui achetait ses sucreries chez Miche Miche, celle qui accueillait, adolescente, dans son giron, les gamins de la cité qui cherchaient une fille avec qui pratiquer la tournante de manèges. Non, à présent, elle était celle qui répétait à l'envi, dans des meetings pleins à craquer : « Les Bougnoules ça m'soûle », « Les portos au poteau », « Les niakoués au piquet ! »

Non, elle n'était plus cette fille facile, facile à vivre, facile à rire, mais celle qui déclarait sans aucune hésitation : « Les hommes au boulot ! Les femmes aux fourneaux ! »

Visage amaigri, cheveux coupés ras, silhouette mince et sévère, tailleur bleu marine, chemisier blanc avec une croix en bois posée sur la poitrine, elle déversait sa tendresse chrétienne au sein des campagnes de France :

– Les Ruskoffs, j'les Molotov
– Les Ricains j'men bats les reins
– Les Rosbifs j'les biffle
– Les Ritals, j'les empale
– Les Boches, j'les embroche
– Étrangers Enculés
– Immigrés Enfoirés !

Généreuse, distribuant sans compter un amour qu'elle ne refoulait point, une seule ombre venait cependant ternir sa palette : il lui manquait un homme ! En effet, elle avait réalisé la quasi-totalité des souhaits de son très cher Jésus-Christ, mais malheureusement, elle n'avait pas encore pu rencontrer Philippe de Villiers. Ce dernier, depuis qu'il avait acheté aux Anglais à prix de lingots d'or l'anneau de Jeanne d'Arc, vivait retiré dans une des tours du Puy du Fou ! À l'image du vieil Harpagon, le roi des Vendéens veillait nuit et jour sur son trésor ! Enfermé à double verrou, la porte blindée protégée sans cesse par une armée de paysans chouans munis de fourches caudines et de pics à glace, personne ne pouvait l'approcher ! Isabeau se lamentait donc tous les jours quand venait le soir : elle pensait à son adorable prince sans réponse retiré dans sa tour médiévale…

Pourtant, au mois de mai 2017, Stéphane Bern, accompagné de sa fidèle brosse à reluire, réussit à sortir l'ermite de sa tanière à l'occasion de la fête de Sainte-Jehanne de France, fêtée cette année-là le dimanche 13 mai à Orléans, et dont on célébrait les cinq cent quatre-vingt-six ans de crémation ! Ce jour-là, une procession de mille cavaliers promena l'anneau gestique à travers la ville. Tout ce que la France comptait de patriotes était présent : Éric Zemmour bien sûr, Alain Soral, Jean-Marie Le Pen, Bruno Mégret, et bien sûr Clémentine Autain ! Mais quand les yeux de Philippe de Villiers et d'Isabeau Capillette se rencontrèrent, pour les deux amants, il n'y eut plus de procession, plus d'anneau, même plus de Sainte-Jehanne de France ! Entre eux ne brûlait que le bûcher de l'amour ! Aucun juge, fût-il anglais, n'aurait pu prononcer d'autre sentence : ils étaient faits l'un pour l'autre tout comme la rillette et la chipolata sont faites pour le pain !!

La France ayant changé, l'ancien royaume de Clovis ayant basculé dans l'opprobre, la disgrâce et la décadence, Philippe de Villiers ne pouvait pas devenir roi, alors les deux tourtereaux se marièrent non pas à Reims, mais en la cathédrale de Conches-sur-Nouche ! Ils vécurent un bonheur sans nuage pendant un an et demi. Jésus-Christ venait régulièrement visiter Isabeau pour lui donner des nouvelles, et un jour, un miracle survint : à cinquante-six ans passés, l'ancienne Bébelle apprit qu'elle était enceinte !! Les deux amoureux étaient décidément bénis de Dieu… Philippe se mit à rêver tout haut : le nouveau-né allait être le Messie qu'attendait la France depuis des années, et même des siècles ! À l'instar de Charles Martel en son temps, il bouterait les Sarrasins hors du royaume de France… L'heureuse future maman caressait son ventre en ânonnant des incantations magiques : « Dehors les migrants… Sors sors mon enfant ! » Le 24 décembre 2018, aux alentours de vingt-trois heures, alors que le couple cheminait sur l'autoroute A66 entre Nazarelle-les-

Flots et Pétrussalette, Isabeau fut prise de violentes contractions. Philippe prit la sortie 33 et le couple s'arrêta dans une petite auberge en Airbnb située sur la localité de Bellême. À minuit, l'enfant apparut… Horrifié, momifié, congelé, le père de Villiers faillit le remettre directos dans le ventre de sa mère !!! Peut-être que Dieu avait voulu punir la maman de ses péchés de jeunesse, peut-être que le Très-Haut désirait les soumettre à une terrible épreuve… Il était impossible de connaître la vérité, mais ce qu'ils apprirent immédiatement, instantanément, effroyablement, c'était que l'enfant était né noir, tout noir, aussi noir qu'une tablette *Cluizel* 86 % cacao… Aussitôt, les deux parents emmaillotèrent le nourrisson et, comme ils n'étaient pas chez eux et n'avaient donc pas de congélateur à leur disposition, ils sortirent de l'auberge et rejoignirent la Mouise, le cours d'eau le plus proche. Arrivés sur la berge, Isabeau plaça son colissimo dans un panier en osier et le regarda avec des yeux vairons, alliance d'épouvante et de tendresse. Constatant la faiblesse de sa femme, son mari lui posa une main sur l'épaule et trouva les bons arguments : un noir de plus sur le territoire très saint de leur Sainte-Jehanne de France, un envahisseur de plus, et ce, directement issu du fruit de leurs entrailles, non, cela ne pouvait se faire… Comme Abraham jadis, Dieu les soumettait à la terrible épreuve du sacrifice infantile, c'était une offrande qu'ils se devaient de lui concéder… Isabeau fut convaincue. Ils soulevèrent le panier ensemble, comptèrent jusqu'à trois, mais alors qu'ils s'apprêtaient à jeter l'enfant dans la rivière, soudain, un éclair magique passa dans le ciel et la Vierge Marie, sous leurs yeux ébahis, apparut, les fesses posées sur une branche de châtaignier, comme une chouette laponne du Mexique !!

On ne sait toujours pas ce que la Sainte Vierge leur a dit à ce moment-là. Mais ce que l'on sait, c'est que le lendemain, un samedi, Philippe se rendit à la mairie de Bellême pour reconnaître l'enfant… Le lundi matin, lorsque le maire du village prit sa permanence habituelle, il crut rêver en parcourant le livret de famille rempli par sa secrétaire. En effet, le garçon qui venait de naître avait été enregistré sous une appellation des plus étranges :

« **Nom** : Le Jolis de Villiers de Saintignon

Prénom : Mamadou. »

Gégé l'prophète

« Bourgeois !!! Capitaliste !!! »

Il était déjà minuit ce soir-là et je circulais à Caen avenue du 6 juin en pensant au petit plaisir que j'allais me faire en rentrant chez moi ! En effet, je trimballais dans un sac plastique un trésor : une dizaine d'abricots à la robe cœur de potiron ! Le problème avec le chichon, c'est que, comme pour une femme enceinte, il vous donne parfois des envies très étranges ! Le plus souvent, ce sont des désirs parfaitement classiques : une pizza ou même un *Speed Burger* pour éviter de sortir de chez soi. Vous accueillez d'ailleurs le livreur comme le Messie ! Vous êtes complètement défoncé et là votre interphone sonne ! Alléluia, voici le Dieu qui vous permettra d'accéder au jardin d'Éden en appuyant simplement sur un bouton, en disant simplement « j'arrive » et en descendant cinq ou six marches !! Dans la moiteur fumeuse de votre quinze mètres carrés, le bonheur a trois noms commençant et se terminant par la lettre B : Burger, Beuh, OCB ! Et alors franchement, l'Amérique peut bien envahir la Corée du Nord, les catastrophes écologiques peuvent bien faire disparaître la planète, Patrick Balkany peut bien être réélu maire de Levallois-Perret pour la soixantième fois avec quatre-vingts pour cent des suffrages, lesquels exprimés par des vivants mais également des morts, M. Pokora peut bien sortir un nouvel album de reprises de Serge Reggiani, qu'importe, vous êtes bien, si bien… Que le cheddar fondu descende dans votre bouche, qu'il se la coule douce le long du steak près du joint qui n'attend que trois bouchées avant d'être allumé, que le dieu Atajunat de l'herbe magique soit loué, qu'il soit béni entre tous, que son nom soit sanctifié et que son règne advienne !!

Ce soir-là, après mes quatre ou cinq pétards dits de sécurité (on va dire ceux qui ont pour vocation, comme on cause dans l'milieu, « de se poser, de se mettre bien »), j'eus subitement une énorme envie d'abricots ! Non pas d'un *San Diego*, non pas d'un *French*, mes deux burgers préférés cent pour cent diététiques, mais simplement d'abricots juteux comme on s'imagine la bouche de Rihanna sans songer à son haleine fétide de Malbo-Sky ! Peut-être qu'en bédavant ce jour-là, je me suis rappelé un souvenir d'enfance dans lequel avec un de mes cousins au camping de Bréhal, on s'était arrêtés au pied de la caravane d'une vieille dame qui nous avait offert des abricots ; peut-être, toujours est-il que même si j'avais eu un mal fou à me motiver, j'étais sorti en acheter. Il était plus de vingt-trois heures ; j'avais parcouru toute la ville pour trouver le Graal quand j'étais tombé miraculeusement sur une épicerie turque dans laquelle j'avais acquis les précieux sésames… C'est en rentrant chez moi que j'entendis ces insultes, insultes que je pris très à cœur, car en ces temps-là, je faisais partie des *Jeunesses Socialistes* et je dévorais les œuvres de Jean Jaurès ! Muni de mon petit sac plastique, je m'approchai de la voix tonitruante qui semblait sortir directement de la bouche du magasin *Printemps :* « Bourgeois !!! Capitaliste !!! » Je ne distinguai encore rien : « Bourgeois !!! Capitaliste !!! » J'aperçus enfin un gros type barbu (dans ces cas-là, on pense toujours au père Noël) tenant dans sa main gauche un bon litre de Château-Margaux tendance Villageoise ! Au pied de son chien qui semblait aussi défoncé que lui, figuraient un cendrier qui représentait simplement un cul et un carton sur lequel il y avait écrit : « Une pièce connard, j'ai soif ! » Intrigué par cette aguichante présentation, je me mis à rire et je sortis mon portefeuille. Lorsque je glissai, en bon samaritain, les quelques centimes qu'il me restait plus trois ou quatre abricots, j'entendis de nouveau l'individu me maudire : « Bourgeois !!! Capitaliste !!! Connard !!! » C'était la première fois de ma vie que je me faisais insulter en pratiquant l'aumône ! Je tentai un vague « bonne soirée » engageant qui sembla atterrir comme un pauvre moucheron dans sa barbe de trente ans et je quittai les lieux sous les quolibets : « Enfoiré !!! Connard !!! Ivrogne !!! »

Le lendemain après-midi, la tête encore pleine de fumée et l'estomac encore rempli d'abricots, alors que je me rendais à la fac pour assister à un cours de philosophie sur l'entéléchie de la raison pure chez Kant et ses épigones, je fis un détour pour passer devant le *Printemps* et je revis le père Noël-ordure : il était encore en train de hurler sur les passants : « Bourgeoise !!! Rombière !!! Mal baisée !!! » Ou encore : « Bon à rien !!! Vieux con !!! Salaud !!! » Certains d'entre eux se retournaient et alors le vieux clochard, ivre mort, leur balançait : « Ben oui c'est à toi que j'cause ! » Je décidai de zapper le cours entéléchique. Je m'avançai vers le poète pacifiste et je lui demandai non sans appréhension :

— Alors, ils étaient comment ces abricots ?

Il me répondit très poliment :

— Ah, c'est toi l'p'tit connard d'hier soir, ben t'as d'l'a chance p'tit enfoiré, j'ai tout bouffé !

Et de question en question, il me raconta que lorsqu'il était môme, il en mangeait tout le temps. C'est ainsi que grâce aux abricots, j'ai pu entrer presque sans insulte dans la vie de Gégé, un illustre personnage au physique Jean Gabin dans *Archimède le Clochard,* qui me confia dès notre première conversation qu'il était la réincarnation de Jésus-Christ et le frère jumeau de Mahomet… Ainsi, je me devais d'être le cinquième évangéliste et de raconter enfin l'existence sainte et spirituelle de ce prophète oublié…

L'origine divine de Gégé avait été attestée dès sa naissance, car sa mère eut ses premières contractions alors qu'elle dansait au bar *Les Copains d'abord,* situé à Savigny-La-Bluette, sur le refrain de l'artiste transformiste Sheila : « Comme les rois

Mages en Galilée/Suivaient des yeux l'étoile du berger... » Comme ce soir-là, tous les hommes étaient tous parfaitement éméchés, le patron du bar, un dénommé Joseph, fut chargé d'emmener la future maman à l'hôpital. Malheureusement, Joseph avait lui aussi un peu chargé la mule... Après quelques minutes de conduite irréprochable, il manqua un virage et atterrit directement dans la vitrine de la boucherie *Veganeau*, ce qui fit hurler la maîtresse de maison, la belle et rutilante Thérèse !! Celle-ci, interpellée par Joseph et par tous les ivrognes du village alertés par les bruits de cochon qu'on égorge de la future mère de l'enfant Gégé, se décida à enfiler son tablier blanc tout maculé de sang et à placer la Marie (puisque c'était le surnom qu'on donnait à cette pauvre fille) sur sa table de travail en criant : « Allez, couche-toi là ! » Ce n'est donc pas dans une étable que naquit Gégé, mais dans une boucherie ! Ce soir-là, on fit chez les Veganeau bombance ! En effet, Thérèse, qu'une rumeur villageoise des plus iniques avait transformée en catin depuis des années, heureuse de s'être tout d'un coup, et ce par la grâce de Dieu, métamorphosée en sage-femme, invita tout le monde à manger. La maman fut donc requinquée à grandes becquées de rillettes et de pâtés en croûte. Ivres, on proposa même un peu d'andouillette au nouveau-né. La légende raconte que l'enfant ne dit nullement « non » ! On ne sut jamais si le père Veganeau, radin parmi les radins, avait profité de l'aubaine pour découper dans le cordon ombilical quelques chipolatas destinées au repas des Anciens Combattants... Tous les hommes présents ce soir-là avaient pour le nourrisson des yeux de *Chouchen*, car si la naissance de Gégé avait été rocambolesque et avinée, sa conception l'avait été encore plus... Pendant longtemps en effet, à Savigny-La-Bluette, on avait cru que Marie allait mourir complètement vierge... La jeune fille n'avait pourtant pas froid aux yeux et on la voyait régulièrement, après le bal de la Saint-Jean, conduire des jeunes hommes par la main à travers champ afin de leur montrer sa gariguette, mais au bout de quelques mois, personne ne voyait son ventre s'arrondir. Au village, on s'inquiétait pour elle en espérant qu'elle puisse un jour, à la manière de Laurence Brocoli, accoucher d'un petit veau. Mais rien ne venait ! Un soir pourtant, Joseph, que les États-Unis obsédaient depuis qu'il avait vu le tout premier épisode de *Dallas* ton univers impitoyable, organisa une soirée à thème au cours de laquelle Marie endossa le rôle de Sue Ellen. La soirée avançant et le *Ricard* coulant à flots, la soirée *Dallas* se transforma en raout vraiment salace et les hommes se mirent à tripoter les femmes et les femmes à tripatouiller les hommes. On s'accoupla sur le billard, sur le flipper, dans des conditions inconfortables, mais que dire de Thierry et de Patricia qui réussirent l'exploit de forniquer sur le baby-foot, ce qui fit râler Joseph qui tenait à l'intégrité physique de ses joueurs ! Ainsi, le nombre de partenaires sexuels de Marie ayant évolué au fil des heures et même des minutes (la conception de Gégé fut par conséquent semblable à celle de Marie-Cécile, l'héroïne de la fameuse nouvelle intitulée « Papa où t'es ? » écrite par l'impayable Martin Hypothalamus), le petit Gérard ne connut jamais son vrai papa. Ce ne fut pourtant jamais une cause de souffrance pour lui, car au village, chacun des hommes présents ce soir-là aux *Copains d'abord* se croyait le géniteur de l'enfant et lui offrait régulièrement des cadeaux : le postier lui filait des timbres, le boulanger des sucettes, le boucher des rillettes, le cafetier des chocolats chauds et le cordonnier de belles pompes. Il y eut même dès sa naissance une procession qui marqua l'histoire de Savigny-La-Bluette. En effet, de nombreux hommes vinrent s'agenouiller aux pieds de Marie pour apercevoir une quelconque ressemblance ! Par conséquent, ce ne fut pas trois, ni quatre, ni cinq, mais bel et bien six rois Mages qui se prosternèrent devant le berceau de l'enfant Gégé !!

Dès le début de son existence, le bébé surprit tout le monde par sa profonde sagesse. Jamais il ne criait, jamais il ne hurlait, jamais il ne s'énervait. Il suffisait que sa mère lui offre le sein environ toutes les cinq minutes pour qu'il se tienne tranquille. Parfois, épuisée, la fraîche Marie demandait à une autre femme, abondamment pourvue, de l'aider. Gégé ne râlait pas, il fut dès lors considéré comme un bambin hors-norme ! Sa modération fit le bonheur de sa maman Marie parce que Gérard, une fois sevré, ne demandait plus rien. L'enfant était précoce, et au bout de seize mois, il se mit à manger des côtelettes d'agneau. Le soir venu, sa mère le laissait tout seul à la maison, dans sa chambre, dans son petit lit rose sucette, avec sous les draps quelques saucisses et un pot de rillettes, et elle partait chez Joseph retrouver la troupe des joyeux papas aux *Copains d'abord*. Lorsqu'elle revenait, un peu bancale, elle entrait dans la chambre de Gégé… Celui-ci dormait comme un loir ayant fait un bon gueuleton aux *13 assiettes* ! Le jour du 1er janvier 1966, trois ans jour pour jour avant que ne débute une année *muy caliente* placée sous le signe du petit carré rouge, René, Daniel, Roger et le père Veganeau, sur le comptoir du bar du vieux gars Joseph, en chrétiens convaincus, décidèrent de baptiser l'enfant. Pour se marrer, et alors que Joseph, prenant son rôle très au sérieux, était en train d'asperger le front du gamin avec l'eau bénite qu'il avait récupérée à l'église, René, un brin farceur, criant à l'assemblée que le pauvre gosse selon ses propres mots « n'allait pas être une mauviette d'enfant d'chœur », sortit la bouteille de *Suze* et versa une dose sur le cuir chevelu du baptisé. Le liquide coula lentement sur ses joues roses et arriva jusqu'à ses lèvres. Lorsqu'il but la première goutte du breuvage, Gégé fit un grand sourire et prononça tout haut le mot « Papa ». Ce fut son premier miracle ! Marie, ébahie, brandit son enfant comme Didier Deschamps soulevant la Coupe du monde 1998 et tous les convives trinquèrent à sa santé ! René, ému jusqu'aux larmes, n'avait jamais connu d'émotions aussi fortes sauf lorsque l'Union Sportive Conchoise avait battu l'Amicale Sportive de Sérancourt-sur-Moyon un à zéro, le 5 juillet 1961, grâce à un but de la tête de Raymond Lepainteur !! Il resta ainsi toute sa vie persuadé d'être l'unique géniteur de l'enfant ; seulement, à cause de l'absurdité du système juridique étatique français, il ne réussit jamais à convaincre la secrétaire de la sous-préfecture que si Gégé avait dit « Papa » en buvant une goutte de *Suze*, cela faisait office de preuve irréfutable de paternité !

Autant le dire tout de suite, la scolarité de Gérard ne fut pas des plus brillantes ! À la maison, on le mettait dans le canapé, sans jouet, sans rien, ou, lorsque Marie faisait des confitures, dehors, près de ses pots de fleurs. Gégé ne disait rien ; il restait planté là, exactement comme Laetitia Hallyday devant un film d'Arte. Il semblait regarder un ailleurs qui n'existait pas. Il se mettait en tailleur, attendait qu'on lui donne un paquet de gâteaux, ainsi fut-il surnommé par les habitants du village *Little Bouddha*. Mais à l'école, cela ne passait pas. Pourtant, l'institutrice, mademoiselle Maillard, essaya toutes les techniques ! Elle se documenta même sur les œuvres pédagogiques de la psychologue Françoise Dolto, dont le leitmotiv était de mettre l'enfant au cœur des apprentissages pour qu'il trouve en lui-même la cohérence intrinsèque de tout enseignement ! Écoutant l'intellectuelle, elle plaça Gégé au centre de la pièce. Il se mit en tailleur et attendit tranquillement le passage de Dominique, la responsable de la cantine. Mademoiselle Maillard, désespérée, fit venir Marie et lui avoua qu'elle n'avait jamais vu un gamin aussi fainéant. La mère lui répondit : « Ben oui, il est comme ça, y fait rien, y dit rien, l'est pas chiant au moins ! » L'institutrice essaya de lui expliquer que si son comportement ne changeait pas, son avenir risquait d'être compromis. La mère lui répondit : « Ben oui, il est comme ça, y fait rien, y dit rien, l'est pas chiant au moins ! » Lorsqu'elle rentra chez elle, mademoiselle Maillard déclara à son mari que l'entretien n'avait pas été très concluant…

Devenu adolescent, Gégé continua de se limiter aux activités essentielles de base : il dormait, mangeait, se rendait aux toilettes, remangeait, puis dormait. Vers quatorze ans, définitivement précoce, il se mit à boire et il remporta quatre fois de suite le concours communal du *Foie d'or.* Le jour de ses dix-huit ans, Marie organisa une grande fête ; le jeune homme retrouva tous ses probables pères au comptoir du *Copains d'abord.* Léonard de Vinci aurait pu immortaliser ce délicieux moment sur une toile dont le titre aurait pu être : « La cuite ! » Cette nuit-là, Gégé et ses disciples transformèrent l'eau en vin et même en *Ricard.* Vers deux heures du matin, Gérard se leva, monta sur le zinc, chanta la *Digue du cul* en guise de *Te Deum*, se tourna vers Jojo, un des nombreux gendarmes présents, et lui lança :

Ami Jojo
Lève ton verre
Et surtout, ne le renverse pas…

Et tous ses disciples reprirent en chœur :

Et porte-le au frontibus
Au nasibus
Au mentibus
Au pedibus
Au dosibus
Au coudibus
Au fessibus
Au ventribus
Au goulibus
Et glou, et glou, et glou, et glou…

Après quelques génuflexions et un semblant de signe de croix, Jojo vida cul sec son verre de vin rouge en poussant un immense cri de joie ! Le lendemain, tels des apôtres allant partout prêcher la bonne parole, chacun des joyeux lurons présents aux *Copains d'abord* poussa la porte d'un bar différent. Ainsi, ils convertirent au p'tit muscat du matin une grande partie des habitants et des habitantes du village. Une sacrée Pentecôte…

Gégé, lui, vit plus grand. Accompagné d'un simple sac de jute et juché sur l'âne Martin que lui avait prêté Joseph, il débarqua à Caen un beau soir d'octobre 1986. Au début, il fut mal accueilli : il faut dire aussi que dès le premier soir, notre prophète débarqua au *Loulou bar* vers une heure du matin la besace déjà chargée de quelques litrons ingurgités sur la route. Lorsqu'il s'installa devant le comptoir et demanda son traditionnel petit jaune, le patron lui répondit d'un ton sec : « On sert pas les ivrognes ici » en le regardant d'un air menaçant et en brandissant son torchon sale ! En colère, Gérard lui asséna du tac au tac :

— Eh Ducon, tu vas m'servir mon poussin, sinon j'vais m'fâcher tout rouge et tu vas en voir de toutes les couleurs !

La patronne Ginette, qui n'aimait pas les esclandres, lui servit son verre en essayant d'amadouer la bête :

— Allez mon p'tit Monsieur, un dernier et pis ça va ?

Ce à quoi Gégé répondit :

— Un dernier si j'veux ma p'tite dame, y s'agirait pas d'vouloir me brider, j'en ai encore sous l'capot !

En silence, Gégé passa la seconde, puis la troisième, jusqu'à ce qu'il entende un jeune homme à côté de lui déclarer au patron :

— J'te dis Loulou, en France, y a pas d'boulot, y a rien ! Moi j'ai beau chercher tous les jours et bah j'trouve rien. Nada. Que dalle !

De ses yeux torves, Gégé tenta d'apercevoir la silhouette du type. Ce dernier continua :

— Moi, j'suis prêt à faire n'importe quoi n'importe quand, n'importe quel boulot, j'suis pas un fainéant moi ! Là, tu m'donnes n'importe quoi, j'le fais !

Gégé, ivre mort, se tourna alors vers le jeune homme et d'une voix légèrement pâteuse lui balança :

— Ben alors Ducon, t'as qu'à m'sucer la bite pour vingt balles…

Il y eut un moment de silence, le temps que le jeune homme digère l'attaque et que celle-ci monte au cerveau. Après quelques minutes intenses de réflexion, le type finit par crier :

— Non, mais je rêve mec, t'es en train d'me traiter d'pédé ?

Gégé ne se démonta pas :

— Ben oui Ducon, t'es en train d'dire qu'tu prends n'importe quel taf ! Alors suce-moi pour vingt balles, considère ça comme un entretien d'embauche ! Si tu t'démerdes pas mal, j'te mets au tapin dès ce soir !

L'offensé se jeta sur Gégé, et au bout de quelques minutes de baston, le *Loulou Bar* fut saccagé ! On appela les flics et Gérard passa sa première nuit caennaise en cellule de dégrisement où il fit la connaissance de Gigi, la femme de sa vie, avec qui il mena une existence tumultueuse faite de rupture sous Villageoise et de réconciliation-Muscadet…

Trente ans durant, Gégé continua à prêcher la bonne parole, se rendant dans tous les troquets caennais pour livrer son enseignement. Les patrons s'habituèrent à sa silhouette-Archimède. Pour ne pas avoir d'ennuis, on le rinçait à l'œil et lorsqu'il était trop soûl pour saccager les lieux, ne tenant même plus debout, on le fichait gentiment dehors. À la suite d'une blessure à la cheville, il s'installa devant le magasin *Printemps* où il professait aux passants un savoir qui se présentait la plupart du temps sous la forme de maximes philosophiques. Ainsi, les bourgeoises caennaises qui sortaient du magasin les mains pleines de sacs de fringues, pouvaient régulièrement s'entendre dire : « Bourgeoise !! Capitaliste !! Salope !! » Ce qui les faisait sursauter quelque peu… J'ai souvent discuté avec Gégé et je peux dire qu'il m'a transmis ses connaissances en matière de politique, d'économie et de nature humaine. Avec lui, j'ai appris que « les politiques c'est tous des enfoirés d'connards d'mes deux suceurs de fric » ! Avec lui, j'ai su que « d'toute façon y font ça pour l'pognon » et qu'ils aimaient « se torcher l'cul avec des biffetons » ! J'ai compris que les hommes étaient tous « des bouffeurs de chatte » et les femmes toutes des « bouffeuses de bites » ! Représentant d'une sagesse multiséculaire, il fut mon mentor et mes professeurs de fac, en termes de pédagogie, ne valaient pas le dixième de mon cher Gégé, aussi je préférais sans cesse m'abreuver aux sources de son école-Picon bière.

Aujourd'hui, Gérard n'est plus. Il est décédé il y a quelques années sur un banc public, d'ailleurs situé juste en face d'une école avenue du 6 juin. Je me plais à imaginer une fin chargée de symboles… Une nuit, alors que Gégé s'est décidé à quitter sa cabane en carton pour aller recharger ses batteries à l'épicerie du *Vaugueux*, le vieux bougre est pris d'une quinte de toux. Il s'arrête, titube, s'assoit sur le premier banc venu, s'allonge, tente de se lever et trébuche sur le bitume. Couché sur le dos, il regarde une dernière fois le ciel, son village, le père Joseph, le comptoir du bar, Gigi et sa mère. Il ferme les yeux, étend les bras, tout son corps se relâche… Au sol, tout près du banc, à l'endroit exact où le prophète Gégé s'est laissé tomber, on peut apercevoir un dessin : il a été réalisé par une toute jeune fille de six ans qui en avait marre d'attendre sa maman… Tenant dans sa main la minuscule craie que lui avait prêtée sa maîtresse, elle a tracé quelques traits, histoire de jouer quelques minutes à la marelle… Pour moi, Gégé est mort de cette façon, exactement comme ça, le corps allongé sur une croix de fortune, tout comme un certain Jésus de Nazareth…

Le Tartare des beaufs

Libation.fr, 06/12/2026, à 23 h, par Rebecca Pasolski : On se serait cru à Palerme le jour de l'ouverture du Maxi-Procès de la Mafia sicilienne ! Ils étaient tous là, dans leurs immenses cellules ; certains étaient même accrochés comme des bêtes à leurs barreaux, implorant des yeux la nombreuse assistance qui leur faisait face. D'autres, comme des fauves lassés et sans appétit, se tenaient au fond de leurs cages, mais on devinait dans leurs yeux des lueurs de cruauté et des feux de vengeance qui s'allumaient avec plus d'intensité quand les caméras des chaînes de télévision stoppaient leurs travellings pour multiplier les plans rapprochés. Dehors, un écran géant consolait les malheureux qui n'avaient pu rentrer dans le tribunal (que certains confrères avaient déjà rebaptisé « La Fosse »). Des stands de restauration avaient été installés afin de suivre l'événement en continu. Tout le public attendait avec impatience l'entrée des magistrats. Certains spectateurs réclamaient qu'on leur rende justice en brandissant des pancartes contre les accusés.

À neuf heures trente-six, on annonça l'arrivée des trois juges. Un murmure grave parcourut l'assistance : les trois robes noires entrèrent dans le tribunal et traversèrent la salle avec gravité. Les bras chargés de dossiers, les magistrats avançaient la tête haute, conscients de la tâche immense qui reposait sur leurs épaules. Au bout de quelques minutes, lentement, sous les yeux craintifs des prisonniers, ils s'assirent devant l'autel de la Justice et posèrent leurs volumineux dossiers. Au centre de l'autel se tenait Madgalena Scopitone, la ministre de la Morale Publique et Privée ; à sa gauche, Clarence Austine, la redoutée cheffe de la Brigade des Tire-Gueules, enfin sur sa droite, Haroun Faux-

Derche, le présentateur de l'émission *Des Burnes et des Buzz* mais également secrétaire d'État au lynchage médiatique.

La première journée fut consacrée à la lecture de la liste des accusés ainsi qu'à celle de leurs chefs d'accusation. Comme les présumés coupables étaient plus de trois mille, cela prit énormément de temps. Au sein de notre rédaction, nous avons fait le choix de ne pas exposer en détail la chronologie des crimes commis avec exposition de chacun des cas. Cela nous a semblé trop ennuyeux. Il nous est apparu au contraire beaucoup plus pertinent de raconter les événements les plus marquants de ce procès et de présenter les cas les plus infâmes ainsi que les condamnations les plus lourdes. Nous espérons ainsi que l'horreur des situations présentées pourra interpeller les consciences et faire évoluer les mentalités. Le chemin vers la tolérance et la compréhension de l'autre dans l'entièreté de sa différence reste encore semé de mille et une embûches blessantes. Voici donc le récit de ces journées historiques :

Après une sobre introduction, énoncée par madame Scopitone, présentant brièvement l'organisation du procès et demandant à toutes les personnes présentes dans la salle de faire preuve de respect et de tempérance, le premier accusé s'avança à la barre… La juge Austine l'attendait de pied ferme ! Le criminel se mouvait d'un pas lent, claudiquant, les pieds entravés de lourdes chaînes en argent plaqué, tout penaud dans son habit mauve et fuchsia de bagnard. Les spectateurs furent surpris : ils s'attendaient à voir un monstre crachant du feu et aux dimensions d'ogre de Transylvanie, ils virent arriver devant eux un petit homme rougeaud, dégarni, fatigué. Pourtant, à la lecture de son histoire, l'assemblée entière fut parcourue de frissons :

Jean-Michel Lebeurrier naquit à Sainte-Crête Les-Trois-Dindons en 1952. Il vécut une enfance paysanne bucolique partagée entre les concours de pêche à la truite dans les rivières avec ses frères et les courses de charrette jusqu'au village avec ses sœurs. Il se maria en 1972 avec une jeune fille prénommée Annette qui lui donna trois beaux enfants. En 1973, il quitta la ferme familiale et trouva un emploi de chauffeur routier *Chez Jourdan*, une entreprise très connue dans le sud de la Manche. C'était un employé travailleur qui n'hésitait pas à multiplier les heures supplémentaires afin de mettre dans la casserole domestique plus d'épinards que de beurre. Il était apprécié par ses collègues, adoré par sa femme et chéri par ses enfants. Toujours d'humeur joyeuse, il avait les joues rouges du rigolard et l'œil brillant du bon noceur. Son embonpoint confirmait autant sa sympathie que son bon coup de fourchette, son sourire jusqu'aux tempes lui donnait toujours l'apparence d'une émoticône rouge. Mais, comme l'affirment les experts en criminologie, les plus grands psychopathes cherchent souvent à nous donner une image d'eux positive, quitte à se créer un espace vital et familial qui leur sert à la fois de paravent et d'alibi. Jean-Michel Lebeurrier était de cette race-là : ange au dehors, démon à l'intérieur. Il n'eut besoin que d'une nuit, une seule nuit, pour faire tomber le masque, aux vues et aux sus de tous.

C'était un dimanche soir, le 6 décembre 2009 exactement. Ce jour-là, l'équipe C de l'Étoile Sportive de Sainte-Crête Les-Trois-Dindons avait battu, au cours d'un derby historique, l'Entente Sportive de Sainte-Croix des Deux-Canards, sur le score de trois à deux. À la dernière minute, Nico Bellier, numéro neuf redoutable, s'était élevé plus haut que tout le monde et avait claqué une tête qui avait terminé sa course dans les filets du gardien adverse. Ce but magnifique signifiait beaucoup plus qu'une victoire : en effet, il était synonyme de montée en Troisième Division de District, résultat de toute une année de sacrifice, d'efforts et de travail. Ce jour-là, après le match, on enchaîna les tournées. À vingt-deux heures trente, comme les réserves houblonnières du Club House étaient vides, on émigra vers le *Lait Bouilli*, le fameux bistrot du village, et l'on renouvela les commandes. C'est à vingt-trois heures six qu'eut lieu le crime : Jean-Michel Lebeurrier était au comptoir avec ses amis

Arnaud Lebarbier et Christophe Leménager ; ils discutaient d'une affaire d'importance : est-ce que oui ou non, au prochain match, il fallait mettre Jean-Didier Bréhier dans l'axe ou sur un côté ? Cela faisait déjà une heure et demie qu'ils présentaient chacun, tour à tour, leurs arguments. Ils arrosaient chacune de leur démonstration à grandes lampées de pression. Alors que les trois polémistes s'apprêtaient à commander une nouvelle tournée, la porte du *Lait Bouilli* s'ouvrit et deux jeunes originaires du quartier Falafel, dans la banlieue chaude de Conches-sur-Nouche, débarquèrent dans la salle. Les deux individus achetèrent deux cartouches de cigarettes et s'installèrent à la seule table laissée libre par les membres du club de foot. Ils prirent deux *Monaco* et finalement leur entrée passa tout à fait inaperçue. Le crime eut lieu quelques minutes plus tard… Après avoir siroté leurs verres, les deux jeunes décidèrent de passer à l'étape supérieure : l'un d'eux se leva, se dirigea vers le comptoir en jouant un peu des coudes et commanda un *Picon* au patron du bar, mais celui-ci, dans le brouhaha, n'entendit rien. Le jeune homme (un petit-fils d'immigré algérien appelé Momouhammed) réitéra sa demande, mais une nouvelle fois, le patron continua sa besogne sans le servir. C'est alors que Jean-Michel Lebeurrier, qui avait vu la scène, l'œil un peu torve et la bouche légèrement pâteuse, décida de s'emparer de l'affaire. Il prit une gorgée de mousse et interpella le patron en criant :

— Eh Dédé, un Picon pour l'Bicot !

Aussitôt, toutes les discussions se turent… Le patron se tourna vers Jean-Michel, toute l'équipe regarda Jean-Michel… Chacun d'entre eux entendit au loin la roue de la Justice se mettre en branle ! Ce misérable Lebeurrier le savait également : en une fraction de seconde, il comprit qu'il était allé trop loin… Quelques heures plus tard, il fut emmené au poste, escorté par ses deux plus fidèles amis Arnaud et Christophe, et fut enfermé dans une cellule pour criminel dangereux. Tous les jours, dans sa cellule miteuse, il se répétait comme un mauvais mantra sa maudite phrase en regrettant de l'avoir prononcée. Clarence Austine ne fit qu'une bouchée de lui : elle commença évidemment par le traiter de raciste, puis décrivit devant l'assistance l'instant cauchemardesque vécu par le jeune offensé, venu ce soir-là passer un bon moment avec son ami et qui avait basculé depuis lors dans la drogue et les clips de Booba. Lebeurrier tenta de se défendre en citant Mouloud, un collègue de travail qu'il avait hébergé pendant trois ans, mais celui-ci vint témoigner à la barre de l'ignominie de Jean-Michel qui, à chaque fois qu'ils se retrouvaient tous les deux sur une aire d'autoroute pour manger un bout en évoquant le travail, sortait sans cesse, pour le narguer, son sandwich jambon-beurre ! Clarence Austine fut, comme sa réputation l'exigeait, implacable ! Jean-Michel Lebeurrier fut condamné à vingt ans de prison ferme. Mais ceci n'était pas sa punition la plus terrible. En effet, la magistrate ajouta une clause à sa détention : « Le condamné devra, et ce nuit et jour, écouter en boucle le dernier album de Faudel… » À l'énoncé du verdict, l'accusé éclata en sanglots.

Pendant trois jours, le jury enchaîna les condamnations. Nous ne pouvons les livrer toutes… Retenons seulement la condamnation exemplaire de Michel Trinqueau, directeur sportif de l'équipe cycliste *Eau Claire*, qui, ulcéré par le comportement d'un de ses coureurs dont la réputation en faisait un disciple de Steevy et de Laurent Ruquier, avait déclaré un samedi soir : « J'en ai plein l'cul d'cette pédale !! »

Ce qui lui valut une condamnation de dix années ferme pour « homophobie avec circonstances aggravantes ». En effet, en tant que directeur sportif, Madgalena Scopitone répéta que Trinqueau avait un « devoir d'exemplarité ». L'accusé tenta de se défendre en hurlant à travers la salle :

— Mesdames et Monsieur le jury, c'est un coup de sang, j'ai dit ça parce que j'étais en colère !

— Il n'empêche, Monsieur Trinqueau, répondit Scopitone, que vous avez tenu des propos homophobes.

— Mais Madame, j'étais en colère !

— Et vous êtes homophobe quand vous êtes en colère ?

— Mais non, mais j'sais pas c'que j'dis ! Quand j'suis énervé, les mots m'échappent !

— Il faut savoir ce que l'on dit en toutes circonstances, Monsieur !

— J'étais en colère !

— Se mettre en colère n'est pas une excuse, Monsieur Trinqueau ! À travers vos paroles, vous avez offensé toute une communauté, des milliers de personnes à travers le monde, peut-être même des millions !

Dehors, devant l'écran géant, les applaudissements redoublèrent : les associations LGBT se félicitèrent du verdict reçu par Trinqueau : dix ans ferme, avec l'obligation de regarder tous les matins le film *La Cage aux folles* et tous les soirs la série *Glee*.

Retenons également les cinq ans reçus par Edmond Salicorne, qui eut l'odieuse idée de lancer à un de ses amis qui refusait de lui donner une cigarette l'odieuse insulte : « Sale chacal ! » Les associations pour la défense des animaux, et en particulier celle dirigée par Boderic Charon *Chacals en colère,* firent venir un spécimen de Namibie qui montra, par ses grognements, tout le ressentiment que lui et sa communauté éprouvaient pour cet homme. Par ses mots, Salicorne l'avait offensé, et le juge Haroun Faux-Derche démontra qu'on ne pouvait innocemment multiplier les préjugés outrageants envers les bêtes. Aussi brillant qu'un Gilbert Collard à ses débuts ou que maître Dupont-Moretti avant l'affaire Balkany, il déclara, lyrique :

— Depuis des siècles, nous multiplions les clichés, que dis-je, les insultes qui blessent à n'en point douter les êtres vivants qui peuplent notre planète ! Mais Messieurs-Dames, lorsqu'on balance à quelqu'un « vieux chameau », « sale porc » ou encore

« grosse dinde », est-ce que l'on pense au ressenti des animaux, aux blessures morales que nous leur infligeons ? En quoi les chameaux sont-ils plus vieux que les autres êtres vivants, les porcs plus sales et les dindes plus grosses ? Lorsque des gens tiennent ce genre de propos, ce sont des criminels, car ils véhiculent la haine raciale et propagent la violence humaine ! Ils doivent donc être punis !

La foule qui assistait au procès l'acclama et tous les chacals de la planète poussèrent un ricanement de joie !

Le quatrième jour du procès, la salle entière se tut lorsqu'à quatorze heures trente, entra celui que plusieurs confrères avaient surnommé « Ted Bundy Junior » ou encore le « Michel Fourniret de Conches-sur-Nouche » : Richard Salinas !! Un manipulateur glacial et sans âme… Faut-il raconter son histoire ? Peut-on retranscrire ici ce qu'il s'est passé dans la boîte de nuit *Le Macumba Night Fever* le 31 décembre 2016 ? À *Libation,* journal engagé dans la voie du Progrès Véritable, notre réponse face au combat contre la Barbarie Méchante sera toujours « oui » et définitivement « oui » ! Oui il faut combattre, oui il faut lutter, oui il faut montrer et dénoncer les atrocités !! Pourquoi ? Pour permettre à la parole de se libérer, pour que les victimes sortent de leur silence, pour que les femmes refusent la loi de l'Omerta qui, dans ces cas-là, agit encore trop souvent comme une marée noire qui assombrit les ailes de ces pauvres petites mouettes et les empêche de voler vers la liberté des océans ! Notre réponse sera toujours « oui » pour la Liberté et « non » pour l'oppression, définitivement non !

Le 31 décembre 2016, Jessica Percheron se rendit au *Macumba Night Fever* avec ses trois meilleures amies, Lilhou Lhounha et Lhouahn, toutes les quatre âgées de vingt-quatre ans. Étudiantes à l'Université de Conches-sur-Nouches, elles avaient décidé de fêter le Jour de l'An en dansant grave de ouf. Elles avaient choisi cette boîte parce que ce soir-là, DJ Youssoufa Boom 4000 devait effectuer un set d'une heure, de vingt-trois heures trente à minuit trente. Elles rêvaient toutes les quatre de sabrer le champagne sur un des tubes de Youssoufa Boom 4000. Jessica Percheron était belle, très belle, trop peut-être… À vingt-trois heures quarante, alors qu'un mince filet de sueur (dû aux deux heures passées sur la piste) s'écoulait le long de son buste, elle décida d'aller commander une bouteille de champagne au comptoir. C'est là qu'elle rencontra son assassin…

Richard Salinas était, lui, comme d'habitude, en train de jongler avec ses shakers et ses verres *Bacardi* quand il aperçut dans son viseur, comme dans un jeu d'arcade, une proie… Salinas était grand, avait les yeux verts, une mâchoire carrée, des pectoraux saillants, des abdominaux en béton, bref, il disposait de tous les atouts du séducteur ! Il le savait et il vivait sa vie avec outrecuidance, multipliant les conquêtes tel un cowboy des plaines d'Arizona faisant tournoyer son lasso sur un air de country et portant les mêmes santiags que Dick Rivers. Lorsqu'il se retourna pour servir son fameux cocktail *Tom Cruise* à un jeune étudiant boutonneux, il aperçut Jessica qui attendait son tour. Son regard plongea directement dans son décolleté ! En apnée pendant quelques secondes, il rêva d'attraper ce délicieux coquillage dans ses filets de pêcheur-prédateur… Une conversation s'engagea :

— Salut, tu veux quoi ?

— Salut, hein, qu'est-ce que tu dis ?

— Tu veux quoi ?

— Une bouteille de champ' !

— Quoi ?

— Une bouteille de champ' !

— Parle plus fort, j'entends rien avec la musique !

— Une bouteille de champ' !!

— Quoi ? Du *Champomy* ! Ah désolé, on vend pas d'ça ici !!

— Du champagne !!!

— Ah je sais ma belle, j'avais compris, juste je blaguais…

La jeune fille fut terrassée par l'humour et la répartie de Richard ! À ce moment-là, la vérité exige de dire qu'elle ne fut pas insensible à son charme et à son charisme. Mais cela n'excuse rien ! La conversation continua :

— Du champagne ?

— Oui c'est ça !

— Un verre ?

— Non, une bouteille.

— Ah carrément, une bouteille !

— Ouais carrément.

— Ah oui carrément !

— Carrément !

Plus en forme que jamais, DJ Youssoupha Boom 4000 lança son troisième bit :

— Carrément trop la meuf !

— Ouais j'ai envie de faire la fête !

— Carrément la meuf !

— Ouais carrément !

Richard Salinas, mis en confiance (c'est ce qu'il affirma lors de son procès) par l'attitude engageante de Jessica, poursuivit le dialogue d'une manière provocante :

— Bon, je te sers, mais tu fais pas de bêtises…

Puis insultante :

— Tu préfères pas un cocktail à la place ?

— Pourquoi un cocktail ?

— Ben j'en ai un ça s'appelle le cocktail Princesse !

— Ah ouais, c'est à base de quoi ?

C'est à ce moment-là qu'eut lieu le crime, le terrible, l'abject, l'innommable crime ! Alors que DJ Youssoupha Boom 4000 avait arrêté la musique pour fêter à tous les fêtards une « Bonne année 2017 », Richard Salinas se pencha vers Jessica Percheron et lui glissa à l'oreille :

— C'est un cocktail à base de toi !

On dit que les personnes qui reçoivent un choc monumental n'ont pas une conscience directe de ce qui vient de leur arriver. Il leur faut bien souvent quelques secondes pour réagir, pour digérer la secousse qu'elles viennent de subir. Ce fut le cas de Jessica Percheron après cette odieuse parole… Elle resta quelques secondes sans bouger avant de s'enfuir en courant chez elle. Les sept douches qu'elle prit coup sur coup ne suffirent pas à laver sa honte et son désespoir. Elle eut cependant la force d'en parler à sa mère, qui emmena sa fille dès le lendemain au commissariat le plus proche où un policier enregistra sa déposition. Convoqué, Richard Salinas passa aux aveux : oui, il était bien l'auteur de ces propos ignominieux : « C'est un cocktail à base de toi ! » Il voulut se justifier en disant que Jessica « avait eu une attitude qui lui avait fait penser que… ». Il répéta la même chose devant les trois juges, mais Clarence Austine l'arrêta tout de suite en prononçant cette phrase qui fera date :

— Parce qu'une fille vous demande du champagne, vous croyez que cela vous autorise, pardonnez-moi l'expression, à lui péter le bouchon ?

— Mais Madame la Juge, protesta Salinas, je ne l'ai même pas touchée, ce n'est pas un crime, je ne l'ai pas violée quand même !

— C'est un viol moral, répliqua Austine. Ce qui est pire !!

— Mais je n'ai pas usé de violence !

— Les mots, Monsieur Salinas, sont parfois plus violents que des battes de baseball…

Le monstre essaya pendant plusieurs minutes de se justifier et son avocat tenta de mettre en avant l'aspect romantique du nom du cocktail (inventé d'ailleurs par l'accusé lui-même), mais rien n'y fit ! Les ex-conquêtes de Salinas vinrent témoigner à la barre et elles étaient nombreuses : filles d'un soir délaissées au matin après une nuit pornographique, filles de quelques mois trompées au bout de quelques jours, toutes démontrèrent la goujaterie de ce Dom Juan sans état âme. Le réquisitoire d'Austine fut terrible : elle démontra que, semblable aux tueurs en série qui tuent leurs victimes pour les posséder d'une manière absolue, Richard Salinas, en prononçant cette phrase (qui n'était pas, bien évidemment, une simple phrase), avait cherché à s'emparer de sa victime, comme s'il considérait qu'un corps de femme pouvait être placé dans un shaker et secoué secoué puis vidé de sa substance, comme si la femme était un liquide que l'on pouvait boire indéfiniment jusqu'à l'ivresse ! Cette idée que l'on pouvait avaler la femme comme un liquide, c'était peut-être ça le plus grand crime de Salinas ! « Si tout liquide peut s'assimiler à de l'eau et que l'eau représente sur Terre la vie, alors », déclara Austine, « cet homme a voulu avaler la vie de cette jeune fille, la lui ôter, alors c'est une tentative de meurtre ! »

Sans surprise, l'accusé fut condamné à la peine capitale, le supplice du *Barracuda,* et quelques jours plus tard, il fut donc placé dans une baignoire remplie d'eau. On plaça au plafond une applique défectueuse ainsi qu'une ampoule culot trente-six abîmée. Au bout de quelques heures, au milieu de l'onde, seul le canard de bain continuait à bouger…

Il ne faut pas le nier, ce Maxi-procès fut l'objet de nombreuses polémiques, les Forces Réactionnaires luttant sans cesse au cours de l'Histoire contre les évolutions sociétales. Certains intellectuels ont défendu ces criminels en prétendant que les accusés n'avaient d'autre objectif que l'amusement, que leurs paroles n'étaient que des boutades insignifiantes. Laissons pour conclure la parole à Madgalena Scopitone qui, au sortir du procès et sur les marches du palais de Justice, eut ces mots forts destinés à nous interroger tous :

« Je pense qu'il est temps de substituer à la sempiternelle question *peut-on rire de tout* celle ô combien plus importante pour l'avenir de notre société… *doit-on rire ?* »

Dans la jungle, terrible jungle !

— Ah ça, c'est mon lion ! s'exclama Bernard Rigodon lorsqu'il arriva devant l'imposante bête.

Le roi de la jungle en personne se tenait devant lui avec son collier de fourrure couleur Sahara, ses muscles saillants, ses pattes de déménageur breton et sa gueule aussi ouverte que le vide béant du gouffre de Padirac ! L'octogénaire caressait le fauve avec sa paluche de Sénior +++ gangrénée par les taches de son, et devant ses convives ébahis, il se prenait pour Caligula, empereur au milieu du carnage. Il avait réussi à dompter l'animal qui se trouvait devant lui comme Vercingétorix devant César. Le roi de la jungle avait été vaincu, et Nanar, comme le surnommaient ses potes golfeurs, savourait sa victoire ! Bien entendu, la queue du lion ne fouettait plus la poussière sauvage de la savane ; elle restait suspendue en l'air… La pauvre bête était empaillée, Bernard Rigodon effleurait ainsi la croupe d'un mort !

On était le 6 août 2008 à Sainte-Radegonde du Vieux-Bouc, petite commune située en plein cœur du département des Landes, dans une ancienne ferme que Nanar avait transformée en résidence secondaire pour lui et toute sa famille. Bien sûr, il n'avait pas mis lui-même la main à la pâte (il ne savait à vrai dire pas faire grand-chose de ses dix doigts), mais il avait employé une armée d'ouvriers, tous immigrés, parce que, prétendait-il avec humour, « les Bicots, ça fait moins d'impôts » ! Ce jour-là, il fêtait deux événements dont un avait pour lui une saveur particulière : c'était tout d'abord le baptême de sa petite-fille prénommée Juliette, c'était ensuite, et surtout, l'inauguration de son musée africain, une immense salle remplie de bêtes empaillées sur fond de décor de brousse. Les fauves se tenaient-là, immobiles, les crocs acérés, sous un ciel bleu pâle et des nuages clairs, les uns perchés sur des arbres, comme les pumas, les panthères ; les autres en posture de chasse, comme les tigres et les lionnes. Bernard avait invité pour cette inauguration tous ses amis et toute sa modeste famille, en tout deux cents personnes. Juliette était en âge d'être baptisée, cela lui avait donné l'occasion d'inaugurer son musée.

Bernard Rigodon n'accordait à vrai dire aucune importance à la petite. Tout d'abord, ce n'était qu'une fille. Ensuite, il n'était pas vraiment son grand-père… Le vieil homme avait eu deux femmes dans sa vie : la première, prénommée Dina, il l'avait rencontrée en Espagne, à Malaga, alors qu'il était en permission pendant la guerre d'Algérie. Il était entré dans un tout petit bar avec ses potes, vers minuit, il avait assisté à un spectacle de flamenco ; il avait surtout remarqué une danseuse brune, toute petite, mais à l'allure terriblement sensuelle. Quelques années plus tard, le couple avait emménagé dans une maison au Maroc et avait vécu heureux pendant dix ans en colons pieds-noirs. Le père de Dina, un riche industriel, avait pris Bernard sous son aile de vautour et lui avait transmis tout son savoir-faire en matière de vente d'armes. Habile, peu scrupuleux, Nanar s'était mis à son compte. Il avait gagné le pactole un soir où, rencontrant le roi Hassan II à la table d'une partie de Blackjack, il avait sympathisé avec le monarque et avait obtenu, le lendemain, un contrat qui faisait de lui le fournisseur officiel de FAMAS de l'armée. Quelque temps plus tard, alors que sa fortune semblait grimper jusqu'aux montagnes de l'Atlas, le Picsou pied-noir connut un drame familial : sa femme Dina tomba malade. Elle ne put dès lors plus assister son mari dans ses affaires en dévoilant, au cours de prestigieux repas étoilés, son charme et ses formes voluptueuses à de futurs clients subjugués. Ainsi, après une semaine d'altruisme sans borne au cours de laquelle il se rendit deux fois à l'hôpital, Bernard demanda le divorce. La pauvre Dina dut signer les papiers sur la table d'opération qui l'envoyait à la morgue. Le lendemain, Nanar, libéré d'un poids qui l'oppressait et l'empêchait de reprendre deux fois du camembert à la fin du repas, partit en voyage de noces avec Anne-Cécile, une adorable blonde de vingt ans sa cadette qu'il avait rencontrée pendant la convalescence de Dina et qui avait eu une fille d'un précédent mariage. Sa belle-fille avait eu quelques années plus tard une enfant qu'elle avait prénommée Juliette.

Bernard Rigodon se fichait complètement de ce baptême ! D'abord, il n'était absolument pas croyant ; en plus, il détestait Florence, sa belle-fille, une sorte de hippie baba cool qui professait l'humilité du Christ alors qu'elle vivait dans un T6 en plein centre de Barcelone, qui s'emportait contre la société de consommation d'abondance de gaspillage d'argent qui laisse « à travers le monde des familles entières affamées » alors qu'elle se rendait tous les matins à la *Boqueria*, gigantesque marché aux étals débordant de poissons et de viandes. En définitive, la famille entière de Nanar était une imposture : il avait une femme qui ne l'aimait plus (il y avait bien cinq ans qu'ils n'avaient pas fait l'amour) et il avait une belle-fille qui ne l'avait jamais aimé, elle qui militait pour la paix dans le monde, contre les enfants soldats et les méchants assassins, et qui nourrissait sa petite Juliette avec l'argent d'un beau-papa vendeur d'armes. Heureusement pour lui, il les tenait d'une poignée d'argent, distribuant à l'envi des billets qu'il savait créateurs d'amour : la famille était bien une jungle au milieu de laquelle il était le roi, le mâle alpha, détesté autant que craint, critiqué autant que plaint… L'affection qu'il ne pouvait obtenir des femmes, il la trouvait du côté des bêtes ; il se rendait ainsi tous les étés au Kenya en compagnie d'hommes d'affaires grabataires comme lui, et il chassait pendant une semaine, retrouvant à chaque fois ses forces de jeune homme viril !

En ce 6 août 2008 donc (revenons à nos moutons), Bernard Rigodon paradait devant « son » lion sous les yeux ébahis de ses invités :

— Dites donc, ça doit être dur d'attraper une bestiole comme ça ! s'écria la femme du maire de Sainte-Radegonde du Vieux-Bouc, avec qui Nanar avait sympathisé au moment de la rénovation de sa ferme.

— Oh, vous savez, Madame, quand on vit comme moi dans le milieu des affaires, répondit cet homme charismatique, survivre dans la jungle, c'est mon quotidien !

Dès lors, il se mit à raconter comment il avait achevé, quasiment à mains nues et sans l'aide de personne, tel un gladiateur romain, « son » lion. À la fin de ce récit, le vieux pied-noir bomba le torse et les convives le regardaient avec un air empli d'admiration et de crainte, tant Nanar leur paraissait *Sauvage*, exactement comme Johnny Depp enterrant ses bijoux de famille en plein désert du Nevada pour les besoins d'une publicité parfumée. Mais ce que les convives ne savaient pas, c'était que si la famille de Nanar était une imposture, la capture de la prestigieuse bestiole qu'il caressait de sa main rêche en était une plus grande encore. En voici le récit véritable :

Trois années auparavant, le 3 août 2005 exactement, Bernard Rigodon débarqua à l'aéroport de Nairobi (la capitale de la Tanzanie selon Stéphane Pizza) avec ses copains du *Rotary Club* de Marrakech. C'étaient tous des octogénaires pieds-noirs qui avaient fait fortune dans l'immobilier, dans les casinos, dans la politique ou dans la vente d'armes à feu, enfin que des hommes honnêtes et philanthropes ! La veille, ils s'étaient tous retrouvés au *Novotel* de Casablanca, avaient dégusté quelques verres de whisky en évoquant pêle-mêle le bon vieux temps des colonies, le bon vieux temps de l'OAS, le bon vieux temps des cuites faciles et ce bon vieux Mino Micro, fidèle d'entre les fidèles !! Ils avaient dégusté un bon vieux repas apporté par des serveuses zélées dont ils lorgnaient les courbes et dégustaient les sourires, en se permettant tout de même quelques paniers aux fesses d'usage. Pourtant, depuis l'affaire Strauss-Kahn (pour eux l'équivalent de l'affaire Dreyfus), ils se tenaient, ne couchant qu'avec des prostituées d'agence afin d'éviter de se retrouver à poil dans les draps de la justice. Bernard, lui, ne pensait plus à la bagatelle. Sa prostate ressemblant de plus en plus à une boule de pétanque, il se retrouvait le plus souvent *fanny*, alors il compensait en buvant davantage de Château-Margaux.

À dix heures moins le quart, sur le tarmac de l'aéroport, une rutilante Jeep s'ébroua, emportant avec elle, outre Bernard, son pote Claude, ex-directeur de la banque *BNP Paribas*, Didier, président du PPI (le Parti des Promesses Intenables), Jacques, devenu richissime suite au boom immobilier de la Creuse, et Rodrigo, un Corso-Espagnol qui avait fait main basse sur tous les casinos situés entre Fervaches et Fumichon dans le sud de la Manche. Les cinq hommes étaient accompagnés de trois infirmières moldaves sauvées des griffes de Vladislav Morowtzwichti, le dictateur au pouvoir, par Nicolas Sarkozy, qui avait menacé le tyran d'envoyer sa femme Carla Bruni faire une tournée dans son pays. Ces trois infirmières devaient s'occuper en permanence des sondes, des cathéters, des couches et des suppositoires de ces chasseurs émérites qui auraient très bien pu participer au casting d'*Expendables XVI* ! Lorsqu'ils arrivèrent à Mahawa, village situé en plein cœur de la savane kényane, la Jeep dut rouler sous un portique de sécurité, passer trois portes blindées et franchir la barrière électrifiée qui ceinturait le village à la manière d'un *Jurassic Park*. En effet, il fallait protéger les chasseurs octogénaires des fauves qui traînaient aux alentours, à l'image de ces taureaux de corrida auxquels on ne fait pas rencontrer l'homme pour qu'ils puissent libérer leur violence de bêtes sauvages dans l'arène. Quand les cinq hommes firent leurs premiers pas sur le sol poussiéreux de la brousse, Bernard Rigodon reconnut tout de suite cette odeur de sang mêlé de larmes de mort et de bestialité qui caractérisait le bitume de Mahawa, village qu'on avait entièrement goudronné pour que les Indiana Jones occidentaux ne heurtent pas un caillou dissimulé dans le sable. Une troupe d'une trentaine de chasseurs masaïs les attendait, grands et fiers dans leurs costumes d'autochtones, pagne rouge sur le sexe, arcs aux pointes saillantes dépassant de leurs dos frêles d'ébène. Au zénith, le soleil tapait fort, mettant à rude épreuve ces corps blancs à la condition physique optimale. Claude dut rendre les armes… Arrivé dans la chambre d'hôtel du palace (on avait fait construire, au cœur même de Mahawa, un magnifique complexe hôtelier avec piscine, sauna, hammam et salle de réanimation), épuisé, il s'allongea dans son lit King Size, se fit apporter de l'eau fraîche et décéda d'une insolation. Il en était ainsi de la chasse au lion : cruelle et impitoyable ! Les quatre hommes pleurèrent leur camarade, décédé sans combattre, mais ils se promirent de continuer pour lui, en sa mémoire ! Le soir venu, ils furent reçus par Madamadou Sanouké, le chef du village, qui s'appelait en réalité Jean-Luc Gastebois, mais qui avait trouvé ce job de comédien dans une agence de voyages. Il prit avec les quatre hommes le calumet de la paix et il leur chanta quelques invocations vaudous : le lendemain, les quatre fantastiques allaient affronter la Bête !! Le chaman donna à chaque octogénaire des noms d'anciens chasseurs aujourd'hui décédés, mais hantant toujours la savane de leurs esprits guerriers :

– Didier fut baptisé « Samoussa », ce qui voulait dire, en langage masaï et selon Madamadou : « Vieille branche dure à cuire ».

– Jacques fut baptisé « Moukassa », ce qui signifiait : « Buffle à canne d'or ».

– Rodrigo devint « Takanata », autrement dit : « Baobab boiteux ».

– Enfin, Bernard reçut le nom d'« Otopoyokono », « Masaï tremblotant », ce qui faisait référence à son Parkinson déjà très prononcé.

Après une nuit passée dans des moustiquaires en soie blanche, bercés par le ronron de l'air conditionné, les trois hommes, accompagnés par la trentaine de chasseurs qui leur servaient de gardes du corps, se mirent en route. Ils n'étaient plus que trois, car Jacques, le fameux « Buffle à canne d'or », retenu par une crise d'hémorroïdes aussi soudaine que violente, ne put participer à l'aventure. Une nouvelle fois, la Jeep s'ébranla. Au cœur de la savane, elle n'allait pas très vite : il fallait tout de même que les Masaïs puissent suivre l'allure en courant. Plusieurs fois, Didier, Rodrigo et Bernard se retournèrent pour saluer leurs frères d'armes. « La Mondialisation, et avec elle le Tourisme », se disaient-ils, « permettaient avec bonheur de rapprocher les peuples ! » Bernard, dans ce milieu pourtant hostile et sauvage, avait l'impression d'avoir trouvé une vraie famille. Peut-être était-il finalement devenu, en quelques jours, un véritable Africain, peut-être que sa peau allait se mettre elle aussi à briller au soleil comme ces statues d'ébène que l'on pouvait acheter à la médina de Marrakech ?

Au bout d'une heure de brousse, leur véhicule pénétra dans le territoire des lions ; la Jeep faisait désormais des embardées fréquentes. Les ouvriers pakistanais n'ayant pas fini de goudronner la piste, les trois aventuriers-*Damart* furent balancés de droite à gauche avec violence. Rodrigo ne put résister à ces assauts : il lâcha à travers la fenêtre de la Jeep l'entrecôte frites qu'il avait ingurgitée le matin même à grand renfort de mayonnaise… Une ambulance ramena « Takanata » dit « Baobab boiteux » au village de Mahawa. Il fut transporté quelques heures plus tard par hélicoptère à l'hôpital *Michel Cymes* de Nairobi. À présent, ils n'étaient plus que deux : deux aventuriers au fin fond de la brousse, seuls face aux bêtes sauvages, Bernard et Didier, le « Masaï tremblotant » et la « Vieille branche dure à cuire » !

Soudain, après quelques heures de piste, les deux hommes aperçurent à travers le pare-brise de la Jeep un lion dissimulé dans les broussailles… Le roi de la jungle se tenait immobile, à quatre pattes, et semblait dormir. En effet, à l'aube, vers six heures du matin, cinq des plus valeureux chasseurs avaient préparé le travail pour les Occidentaux. Ils avaient pisté un jeune lion, l'avaient isolé de l'ensemble de la meute, s'étaient approchés et lui avaient décoché trois flèches chargées de produits somnifères. La bête s'était écroulée sur le sol ! Ils avaient profité du lourd sommeil du fauve pour limer ses dents et pour lui faire avaler un mélange de puissants sédatifs afin de le maintenir dans un état de somnolence pendant au moins vingt-quatre heures. Didier, n'y tenant plus, voyant le redoutable monstre à portée de fusil, s'emporta. Il brandit son arme d'une main, sa canne de l'autre, et sortit du véhicule, soutenu par le chauffeur et son infirmière moldave personnelle. N'écoutant que son courage, tout de même escorté par le reste de la troupe masaï, il se dirigea à fond vers le lion qui était à deux cents mètres de lui. Au bout de deux heures, il réussit, non sans effort, à placer son fusil sur ses épaules. Il était à cent mètres de la bête ! Il tira… La balle s'enfonça dans un arbre situé à cinquante mètres à gauche du lion, qui ne réagit même pas. La détonation résonna dans le silence sec de la savane, mais le tir, malheureusement, provoqua le déséquilibre du chasseur. Didier tomba en arrière et se fracassa le crâne contre un caillou !! Bernard entra dans une colère noire : pourquoi ces maudits ouvriers pakistanais n'avaient pas goudronné la route ? Pourtant, l'homme brave, le preux chevalier, l'empereur, voyant ses amis tomber un à un, ne perdit pas son courage légendaire ! En Napoléon, prince de la tactique militaire, il mit en place un plan de génie : tout d'abord, il demanda au chauffeur de s'approcher au plus près de la bête. Ensuite, il disposa les guerriers masaïs devant la Jeep comme un rempart infranchissable. Surpris par les manœuvres stratégiques du grand

Nanar, le lion ne se rendit compte de rien ! Il esquissa un léger grognement qui fit tout de même sursauter l'octogénaire. Rigodon échappa de peu à l'arrêt cardiaque… Tenant bien droit son fusil à travers la fenêtre de la Jeep, aidé tout de même par le chauffeur qui empêchait ses tremblements en maintenant d'une main ferme le canon de l'arme, le vieil homme visa le roi de la jungle entre les deux yeux. Il dut s'y reprendre à quatre fois, mais au quatrième coup, le grand fauve tomba, vaincu !!

Quelques minutes plus tard, Bernard Rigodon posa, seul, devant le cadavre de son vaillant ennemi. Et sous les regards amusés des chasseurs masaïs dont les peaux semblaient reluire sous le soleil éclatant du Kenya, il déclara, aussi fier qu'un motard devant une Yamaha 470 chromée :

« Ah ça, c'est mon lion ! »

Guillian l'Conquérant

Guillian Moinain naquit le 24 novembre 1986 à Verrat-en-Couesnon, petite commune située juste à côté du mont Saint-Michel. Ses parents, prénommés par un hasard symétrique des plus remarquables Marie-Pierre et Pierre-Marie, installèrent leur enfant dans une chambre qui proposait une vue magnifique sur la Merveille. Le bambin s'endormait ainsi chaque nuit sous les yeux protecteurs de l'archange. Le week-end, quand il restait dans son lit à dévorer les fameuses histoires de la comtesse de Ségur, Guillian voyait le Mont changer de costume tout comme Arturo Brachetti le prestidigitateur. Nul ne connaissait mieux que lui les variations chromatiques de la Baie, quand le gris désespoir du ciel normand se mêle au bleu lumineux de la mer sur fond lointain de rocher marbré.

Guillian passa les douze premières années de sa vie à jouer au foot avec ses copains sur les grèves, dans l'odeur salée de l'estran, au milieu des moutons qui paissaient tranquilles. Gardien, entre deux pulls ou deux manteaux qui servaient de poteaux de fortune, il multipliait les plongeons et lorsqu'il revenait chez lui les vêtements tachés de multiples crottes moutonneuses, sa maman Marie-Pierre le grondait, mais riait en même temps, tout comme dans n'importe quelle pub lessive, quand le gamin arrive, que la maman est effrayée, mais heureusement elle possède le nouvel *Omo* « qui lave plus blanc que blanc et nettoie en profondeur du sol au plafond même les taches les plus tenaces, les plus rebelles, aussi rebelles que Lorenzo Lamas » ! C'est dire… Après le foot, il invitait ses copains Momo, Tomeck et Pilou à goûter. Après avoir englouti quelques parts de *Savane*, les quatre petits fauves s'installaient dans le canapé du salon et jouaient furieusement à *Fifa* jusqu'à la tombée de la nuit !

Jusqu'à l'âge de douze ans, tout se passa bien pour lui, aucune ombre ne vint ternir le beau tableau de son enfance. Il n'avait jamais été très grand, mais jusqu'au début de son adolescence, cela n'avait jamais été un problème. Bien au contraire, sa petite bouille rouquine faisait des malheurs : il ressemblait à un korrigan breton au sourire angélique, à la chevelure abondante et frisée dans laquelle on avait envie de passer la main et d'en tripoter les bouclettes. Il apparaissait comme un petit clown monté sur ressort sortant de sa boîte-cadeau et il disposait en plus d'une voix absolument trop « choupitonne » selon ses tantes, si bien que sa mère l'emmena au casting de l'émission *L'École des fans*. Il fut sélectionné et obtint un succès fou ! Fans de Frédéric François, Pierre-Marie et Marie-Pierre avaient appris à leur petit roukmout la chanson *Je t'aime à la Sicilienne*, tube qui enchanta tous les pères-caméscopes et les mères-permanentes ! On conserva au fond du trésor familial (une vieille malle poussiéreuse) la vidéo VHS dans laquelle Guillian, nullement décontenancé par le charisme de Jacques Martin, répondait à celui-ci : « Quand j's'rai grand, eh ben moi, j'veux jouer à l'AJ Auxerre avec Lilian Laslandes ! » Impressionné par la voix de l'archange, Frédéric François conseilla aux parents de Guillian de l'inscrire au chœur vocal des *Petits Chanteurs à la Croix de Bois*, et l'on vit ainsi le petit Moinain, toujours devant à cause de sa petite taille, en petit pull bleu marine, bermuda bleu marine et socquettes blanches, entonner le plus beau refrain du répertoire catholique : « Il est né le divin enfant/Chantons tous pour l'avortement… »

Jusqu'à l'âge de douze ans donc, les surnoms qu'on lui attribuait évoquaient tous bien entendu sa petite taille, mais d'une manière bon enfant. Ses copains l'appelaient « P'tit Gui » ou « Ti Lian », ses parents simplement « le p'tit » et sa grand-mère « le p'tiot». Les filles, à l'école, lorsqu'elles parlaient de lui à la récréation, entre deux passages à l'élastique, disaient qu'il était « trop mignon » et il réussissait sans trop de difficultés à piouter un certain nombre d'entre elles au cours de sorties scolaires d'été ou de boums Fontaine à soda Rivière-*Haribo* Fleuve-*Mister Freeze*. Mais tout bascula en classe de cinquième… En effet, cette année signifia pour lui la fin de l'innocence, comme si, à la manière d'Adam et Ève au paradis, ses yeux s'étaient tout d'un coup dessillés. Il vit ainsi le monde tel qu'il était : non pas un jardin d'Éden, mais un charnier pour âmes en errance. Cette année-là, il regarda ses camarades franchir le Couesnon et débarquer sur une autre rive tandis que lui restait à quai…

Le premier choc eut lieu à la fin d'un après-midi de juillet. Ce jour-là, Pilou, Momo, Tomeck et lui décidèrent, après une partie de foot endiablée, d'aller chaparder des prunes dans le champ d'un certain père Mathieu. Morts de faim, ils remplirent leurs sacs à dos, et lorsque les cris du vieillard retentirent, ils s'enfuirent tous les quatre dans la même direction. Coursés par l'ancêtre et son épagneul teuton, ils se heurtèrent au bout de trois cents mètres à un mur de lierre et de béton ! Il ne leur restait qu'une seule solution : l'escalader ! Guillian vit ses copains les uns après les autres sauter, tendre les bras, puis passer au-dessus de l'obstacle. Sportif, entraîné, agile, Guillian essaya plusieurs fois, mais en vain ! Il avait beau s'échiner : ses bras étant trop courts, il n'arrivait pas à saisir le haut du mur ! Ses trois amis, ne doutant pas des capacités physiques de leur pote, continuèrent leur course chacun de leur côté. Ils laissèrent P'tit Gui à son désespoir : Momo, Tomeck et Pilou avaient grandi, leurs corps s'allongeaient comme de la pâte à modeler ; lui, autrefois le meilleur d'entre eux en tout, n'avait pas bougé ! Il contempla le haut du mur en implorant le ciel. Pour toute réponse, il eut droit à une morsure d'épagneul et à une claque de sa mère quand le père Mathieu, vindicatif, ramena le rapteur au giron familial.

Le lendemain, au collège, ses trois copains rirent de lui et la litanie des surnoms moqueurs commença : on ne l'appelait plus avec affection « P'tit Gui » ou « Ti Lian », mais « Le Nabot », « Willow le nain », « Oompa Loompa », « Le Pygmée », « Nimbus », « Loin du ciel », « Baby-foot » ou encore « Mini-Keum ». Quand on le croisait dans le couloir, on lui lançait :

— Eh Passe-partout, t'as oublié tes clefs ?

— Eh Passe-partout, tu sais pas où il est le père Fouras ?

— Eh Nimbus, y a ta mère sur TF1 ce soir dans *Joséphine ange gardien* !

— Et Minimoy, tu diras bonjour à Luc Besson de ma part !

— Eh Rase-Moquette, quand tu joues au ping-pong, tu vois même pas l'filet !

Le pauvre adolescent se mit à maudire Peter Jackson, car, en adaptant au cinéma le chef-d'œuvre de Tolkien, le réalisateur avait popularisé Gimli, prénom qui, par ressemblance phonétique avec son propre blaze, devint le surnom principal de Guillian. Les trois années au cours desquelles la trilogie *Le Seigneur des anneaux* passa dans les salles obscures furent pour lui un véritable calvaire : il ne pouvait faire un pas dans les couloirs sans que l'on mentionne ce maudit personnage, nain hirsute, bourru et aux répliques célèbres : « Les longues distances m'épuisent ! Nous les Nains, nous sommes des sprinters, redoutables sur les courtes distances ! » Quel ne fut pas le désespoir du jeune complexé quand Peter Jackson l'infâme choisit d'adapter le roman *Bilbo Le Hobbit*...

Si le quotidien au collège était un enfer, le week-end, il séjournait au fin fond du Tartare... En effet, au foot, on l'avait changé de poste, car sa taille ne correspondait plus aux dimensions des buts. Jusqu'à l'âge de douze ans, il avait pu faire illusion en gardant le plus souvent sa cage inviolée, mais en U13, il fallut jouer sur un grand terrain et les dimensions des buts s'agrandirent : même en montant sur un escabeau, il ne touchait pas la barre ! Lors des premiers matchs, son entraîneur ne voulut pas le vexer, mais devant l'avalanche de buts qui s'abattit sur son équipe et les rires des autres coachs dont les consignes d'avant-match étaient simples : « tirez en hauteur, les cons, ils ont mis Giresse dans les buts », il se décida à remplacer Guillian. À l'aise avec ses mains, maladroit avec ses pieds, incapable d'effectuer la moindre tête, du statut de petite star, P'tit Gui passa à celui de remplaçant qu'on fait rentrer les cinq dernières minutes au poste d'avant-centre pour limiter les dégâts. À l'échauffement, lorsque ses coéquipiers apercevaient les débutants s'échiner sur un autre terrain, on lui disait qu'il s'était trompé d'équipe. Dans les vestiaires, on le félicitait ironiquement en le surnommant la « Tour de contrôle », « Zlatan » ou « Giroud » ; avant les matchs, il y en avait toujours un pour balancer : « Bon aujourd'hui, on mise tout sur le jeu de tête de Gimli ! » Ce à quoi le coach répondait : « Euh les mecs, l'idée, c'est quand même de gagner… »

Guillian passa ainsi une adolescence cauchemardesque au cours de laquelle il vit, tout comme dans un train fantôme, les volets s'ouvrir et les visages diaboliques apparaître. Chaque jour, il devait affronter la terrible épreuve du self où il devait patienter au milieu d'une foule de camarades gratte-ciels qui ne le remarquaient même pas. Au cours des soirées, devenues entretemps beaucoup plus alcoolisées et beaucoup plus hormonales, il faisait rire les filles à l'apéro, mais à minuit passé, le petit mignon laissait la place aux grands qui lutinaient sous ses yeux de Tyrion triste… Il vécut ainsi dix années dans la peau d'un homme complexé, déguisant à chaque fois sa tristesse avec des artifices d'humour que les autres prenaient pour de l'assurance. En vérité, il contrôlait tous les jours sa taille (il ne dépassa hélas jamais le mètre et demi), commençait chacune de ses journées en se pendant à la fenêtre de sa chambre en espérant s'allonger un peu, et rembourrait à chaque soirée ses chaussures de PQ afin de gagner quelques précieux centimètres. Il connut quelques relations sans lendemain qui lui valurent plus de blessures que de pansements, car ses conquêtes (si l'on peut appeler des conquêtes des filles chopées à trois heures du matin sous trois grammes d'alcool) le quittaient à chaque fois sans larme et sur des phrases assassines. La première, prénommée Marine, qui l'avait surnommé affectueusement « Trois pommes d'amour », le largua par SMS avec un laconique : « Entre nous, Guillian, le problème est de taille. » La deuxième, prénommée Martine, lui annonça après une nuit qui avait paru au jeune homme extrêmement torride : « Tu n'es pas à la hauteur, c'est tout ! » Mais c'est une autre phrase de rupture qui provoqua chez Guillian un changement radical et le fit basculer dans une dimension politique. Cette phrase, à n'en point douter, changea son destin en le poussant à empoigner celui-ci comme un fer chaud que l'on saisit avec souffrance afin d'embraser le monde !

Cette phrase fut prononcée par une certaine Gilberte… Il avait rencontré cette maudite fille à l'âge de trente ans après quinze ans de vaches maigres. En désespoir de cause, il avait fini par s'inscrire sur un site de rencontre et avait découvert le profil de cette fleuriste au teint de rose et au parfum-magnolia. Tout allait bien entre eux, une entente parfaite : des centres d'intérêt communs et une osmose sexuelle presque film porno. Pourtant, au bout d'un an de vie commune, Gilberte n'avait toujours pas invité son amoureux au déjeuner dominical familial, une tradition qui se prolongeait l'après-midi par une activité Spa Détente à l'Espace bien-être de Saint-Félicien-sur-Livarot. Pendant douze mois, Guillian espéra le sauna en compagnie du père et du beau-frère, tous les trois en slip de bain-tongs suant, dégoulinant, évoquant le dernier derby Auxerre-Nice, moment intense de convivialité, mais ce moment ne vint jamais. Une nuit, alors que l'amant perdu soumettait sa dulcinée au détecteur de mensonges, celle-ci déclara, cruelle : « Guillian, je dois te le dire : il manque dix centimètres à notre amour… » Cet aveu fut un choc pour lui ; il changea son existence ainsi que celle de la France ! En effet, lorsqu'il sortit de l'appartement sous une pluie battante, alors qu'il faisait froid et que le vent claquait ses joues en pleurs, Guillian Moinain jura de se venger. Dès lors, le jeune homme outragé devint un révolutionnaire.

Tout comme Moïse un soir d'orage entendit un buisson ardent lui révéler le malheur de son peuple et lui indiquer le combat à mener, Guillian entendit ce jour-là la complainte de tous les individus réduits à travers les siècles. Non pas les voix des individus réduits en esclavage par des puissances barbares, les voix des individus réduits à la misère et au silence, autant de bagatelles, mais les voix des individus simplement réduits : personnes de petite taille moquées depuis des siècles, repoussées d'un revers de main, négligées, outragées, ostracisées, discriminées ! Et alors toutes ces voix s'assemblèrent pour former un chœur tragique, le chœur tragique de tous les loin du ciel du monde, de ceux qu'on traite quotidiennement de Nabot, de Nimbus, de Troll, d'Avorton, de Gnome, de celles qu'on traite de Mimie Mathy, de Fourmi, de Puce, de Play-Mobil, de ceux et de celles dont on se gausse, dont on se rie sans vergogne, jour après jour, sans honte, sans gêne et sans remords !

Se sentant investi d'une mission, Guillian Monain entama la rédaction d'un livre qui devait mettre à jour l'ignominie d'un monde inadapté pour les personnes de petite taille. En archéologue-philosophe, il déterra un certain nombre de questions existentielles :

1) Pourquoi, dans les supermarchés, les produits les plus chers sont situés en haut ? Veut-on signifier aux personnes de petite taille que la qualité n'est pas pour eux ?

2) Pourquoi, au foot, les buts font-ils cette dimension ? Veut-on signifier aux personnes de petite taille qu'elles demeu-

rent, morphologiquement, dans l'impossibilité de jouer au poste de gardien ?

3) Pourquoi, dans les séries TV ou dans les films, n'y a-t-il pas plus de personnes de petite taille ? On installe des quotas pour les noirs, même pour les PEC (personnes à l'embonpoint certain), mais pas pour les PPT ! Une honte !

4) Pourquoi, dans les bars, les comptoirs sont aussi hauts, les tabourets aussi élevés ? Signifie-t-on ainsi aux personnes de petite taille qu'une quelconque vie sociale leur est interdite ?

Et Guillian de montrer combien la difficulté qu'il avait de se hausser sur les tabourets le soumettait d'emblée à la moquerie des autres clients. La liste n'est cependant pas terminée :

5) Pourquoi, au volleyball, le filet est aussi haut ? Pourquoi a-t-on inventé des sports aussi discriminants que le saut en hauteur, le cent dix mètres haies, le volleyball ou encore le basketball ? A-t-on voulu encore une fois repousser les personnes de petite taille en dehors de la sphère sociale ?

6) Pourquoi, dans les concerts, n'y a-t-il pas des dispositifs d'aide à la vision ? Pourquoi les personnes de petite taille sont obligées de se hisser sur des épaules amies ?

7) Ne peut-on pas reconnaître un statut « handicap » pour les personnes de moins d'un mètre soixante ?

8) Ne peut-on pas créer un dispositif d'accompagnement matrimonial pour les PPT ou recruter des assistantes sexuelles, sachant que la plupart des femmes repoussent avec dédain toute tentative de séduction émanant d'un mâle à taille réduite ?

9) Pourquoi les étagères des bibliothèques, les rayons des supermarchés, les placards des cuisines, des salles de bains, les tiroirs à dressing, sont aussi hauts ?

10) Pourquoi dans une voiture, et surtout dans les 4x4, les pédales sont aussi éloignées des sièges ?

Le livre de Guillian, intitulé sobrement *Denain*, fit un carton ! Il fut invité sur les plateaux télé où son parcours de vie bouleversa les spectateurs. Il raconta alors les terribles séances de sport avec madame Caplet pendant tout un trimestre de saut en hauteur ; il décrivit sa honte lorsqu'il voulut à quinze ans saisir dans un tabac-presse le magazine *Play-Toy* avec en couverture Samantha Gloryhole, son actrice préférée, et que, n'arrivant pas à saisir le Graal, il était reparti penaud chez lui, car il n'avait pas osé interpeller le tabagiste pour que celui-ci le lui attrape. Flavie Flament lui ouvrit la porte de son émission *Les Petits Mouchoirs* en prime time sur TF1 ! Ce soir-là, et même les jours suivants (pendant la rediffusion en podcast de l'émission) le chiffre d'affaires de la marque *Kleenex* grimpa en flèche. Ses anciennes copines de collège se mirent à le rappeler et toutes désormais trouvaient terriblement sexy sa petite taille jadis repoussante.

Gonflé par le succès de son livre et par les nombreuses lettres de soutien qu'il recevait chaque jour, il créa une association pour la défense des personnes de petite taille. Il intervint dans les écoles, força l'Éducation nationale à rendre obligatoire une formation qui portait sur les discriminations liées aux centimètres. Il créa également un numéro vert pour venir en aide aux trop nombreuses victimes de harcèlement-PPT. Lorsqu'une personne appelait pour témoigner (par exemple un homme qui, visitant un appartement pour son fils avec mezzanine, s'était vu moqué par un agent immobilier ignoble qui lui avait lancé : « Vous au moins, ici, vous pouvez tenir debout ! »), on lui proposait un soutien psychologique, mais il arrivait très souvent que Guillian débarque et organise une conférence de soutien. Au cours de sa croisade, l'ancien adolescent harcelé réussit même à convaincre la marque *Mattel* de proposer un couple Ken-Barbie aux mensurations Small ! Un véritable tour de force !

Au fur et à mesure des années, Guillian devint le représentant des victimes de discriminations en tous genres. Pour qu'un mouvement prenne de l'importance, il faut qu'il noue des alliances ; Guillian trouva son alter ego en la personne de Rosanna Toto, la célèbre philosophe de la négritude. D'ailleurs, leur rencontre eut lieu sur le plateau de Flavie Flament. Un problème de fond, existentiel même, les rapprocha… Lors de son interview, la philosophe développa l'idée que les opticiens français étaient racistes parce qu'ils ne proposaient pas de montures adaptées aux nez écrasés des blacks. L'émule de Platon, de Kant et de Bernard-Henri Levy montra combien il était difficile pour elle de chausser des lunettes qui tombaient sans cesse. Ce témoignage émut au plus haut point Guillian ; il évoqua pour sa part la taille des branches, trop grandes ! La question des jeans fut également abordée : alors que madame Toto démontrait que les différentes collections proposées étaient fabriquées sur le patron des postérieurs plats des femmes blanches et non sur ceux plus bombés des femmes noires, Moinain expliqua que les tailles pour hommes s'arrêtaient au 36, voire au 38, et que la longueur n'étant pas adaptée à ses petites jambes, il avait recours à chaque fois aux retouches – forcément onéreuses – d'une couturière. Sortis du plateau de télévision, Guillian et Rosanna firent un petit bout de chemin ensemble, allèrent s'en jeter un, puis deux, enfin passèrent la nuit côte à côte à refaire le monde, un monde plus juste bien entendu, bâti pour les victimes, pour tous les exclus de la société moderne ! Quelque temps plus tard, ils décidèrent de former leur parti politique, le PVD (Parti des Victimes de Discriminations) qui devint par la suite le PV (Parti des Victimes). Le mouvement prit de l'ampleur, il devint le réceptacle de toutes les misères de la société française. Guillian se découvrit un talent d'orateur. Dans ses conférences, il fustigeait ce monde qui n'avait été bâti que pour des personnes « normales ». Il condamna cette société de consommation qui proposait sur chaque panneau publicitaire son petit couple normal avec ses enfants normaux. Sur les affiches, dans les spots publicitaires *Nutella*,

Ikea ou même dans celui ô combien célèbre de *l'ami du petit-déjeuner l'ami Ricoré*, aucun petit, aucun obèse, jamais un enfant paraplégique ou un papa nain ; jamais une maman chubby en train de proposer son nouvel *Omo* ! Jamais un papa black d'un mètre cinquante proposant au public sa nouvelle ponceuse *Black et Decker* ! Jamais un cul-de-jatte au volant de la nouvelle *Volvo*, jamais une femme sans bras dans une pub pour *Narta*, jamais une vieille peau unijambiste sortant nue d'une piscine afin de vanter les mérites du nouveau parfum *Dior* !

Par son action et ses discours, Guillian contribua politiquement au remplacement de l'ancien clivage droite-gauche par celui discriminant-discriminé ou celui « normaux qui font souffrir-anormaux qui souffrent ». Pendant la campagne présidentielle de 2016, il proposa un projet novateur : une société qui tiendrait compte de toutes les différences ! Son programme, basé sur dix mesures simples, remporta un franc succès :

1) Proposer des centres d'accueil pour les victimes de discrimination.

2) Ajout dans le dictionnaire du mot « discriminicide ».

3) Abaisser la hauteur des rayons des supermarchés.

4) Instauration de la taxe Toto sanctionnant tous les opticiens ne proposant pas de montures adaptées à chaque différence (le collectif « Nés sans nez » se félicita de cette mesure).

5) Instauration d'une deuxième taxe Toto sanctionnant tous les coiffeurs ne maîtrisant pas la technique de la coiffure cheveux crépus.

6) Dans le domaine du sport, abaissement des filets de volleyball, réduction des buts de football, disparition complète du saut en hauteur et du basketball.

7) Instauration de la taxe Moinain pour les véhicules ne disposant pas de pédales flexibles.

8) Mise en vente libre de Popper's, jusque-là produit uniquement vendu dans les sex-shops (une concession faite par Guillian aux associations gays en échange de leur soutien).

9) Disparition dans le vocabulaire national des mots de type discriminatoire comme « Niakoué », « Nabot », « Nimbus », « Bicot », « Espingouin »...

10) Durcissement des lois anti-discriminations par l'augmentation des peines encourues.

Devant la montée en puissance du parti dirigé par le charismatique Moinain, le parti au pouvoir, avec à sa tête Mino Micro, décida de changer de candidat. En effet, afin de proposer une alternative crédible au parti des anormaux, ils n'eurent qu'une seule solution : faire appel aux services de Francis Gouda, l'ex-président normal ! La campagne fit rage, tous les mauvais coups étaient permis, mais lors du débat d'entre-deux tours, Guillian surpassa son adversaire. D'abord, il émut la France entière en évoquant son enfance puis son adolescence ; même Leyla Salamèche, réputée aussi frigide qu'un filet de hareng fumé au bois hêtre, versa sa larmichette lorsqu'il raconta l'épisode des prunes du père Mathieu. Ensuite, il poussa monsieur Gouda dans ses retranchements et chercha à l'affaiblir en le questionnant sur son enfance, sur son adolescence, sur son physique :

— N'avez-vous pas subi, vous aussi, Monsieur Gouda, des saillies sur votre physique ? lança Guillian.

— Euh ben euh... répliqua du tac au tac le talentueux Francis.

— Ne s'est-on pas moqué, lors de votre dernière campagne, de votre embonpoint, de votre air Flambi, de votre visage benêt ?

— Euh ben euh...

Au bout de quelques minutes d'interrogations, le second candidat était en larmes et le premier le prit dans ses bras pour le réconforter, immense scène d'amour politique et télévisuelle !

Le lendemain, tous les sondages donnaient Moinain gagnant à 80 % ! L'élection était garantie... Pourtant, rien ne se passa comme prévu... La veille du second tour, le PV organisa un gigantesque meeting qui prit dès le début des airs de célébration victorieuse. Ce soir-là, Rosanna Toto, devenue entretemps future première dame de France et cheffe de campagne, n'avait pas eu besoin de faire appel aux militants pour rapatrier les troupes. Le charisme de Guillian était tel que les gens venaient à lui, comme les Hébreux étaient venus à Moïse, les Noirs à Martin Luther King, les femmes bien mûres à Michel Drucker…Son discours fut magnifique, il y était question de Liberté, d'Égalité, de Fraternité, trois valeurs que la France, dans sa volonté de normalisation à outrance, avait délibérément choisi d'oublier : « J'ai rêvé », déclara-t-il, lyrique, « j'ai rêvé d'un monde où le petit Français d'un mètre quarante pourrait saisir sa tablette de chocolat préférée, j'ai rêvé d'une nation où l'intérieur des *Twingo* serait adapté à nos compatriotes obèses, j'ai rêvé d'une société apaisée où les filles ne choisiraient pas leur fiancée en fonction de leur taille, juste pour se sentir en sécurité sous des voûtes masculines prétendument plus viriles, mais où ces mêmes filles évalueraient les hommes selon la longueur de leur cœur, selon la taille de leur esprit et selon les centimètres de leur âme ! » On dit que ce soir-là, le public tomba en pâmoison devant Guillian Moinain. À la fin du discours, tous les spectateurs s'agenouillèrent pour rendre hommage à leur idole tout en lançant des incantations prophétiques : « GUILLIAN PRÉSIDENT ! GUILLIAN CONQUÉRANT ! GUILLIAN PRÉSIDENT ! GUILLIAN CONQUÉRANT ! GUILLIAN ! GUILLIAN !!! » L'espace d'un instant, devant cette foule immense qui scandait son prénom et qu'il dominait de sa tribune, Monain fut heureux. Il revit en accéléré ses copains Momo, Tomeck et Pilou enjamber le mur, avec en arrière-plan le ciel gris de Normandie, il entendit également la terrible phrase de Gilberte : « Il manque dix centimètres à notre amour », ainsi que toutes les moqueries qu'il avait dû supporter… Il reprit son souffle ; heureusement, tout ça était dorénavant derrière lui !

Malheureusement, son bonheur fut de courte durée… Tandis qu'il s'apprêtait à dire à son public de se remettre debout, sous les sunlights des projecteurs, face aux caméras des journalistes et sous les yeux impassibles du service de sécurité, un homme se leva avant tout le monde et dirigea le canon de son fusil à pompe vers l'orateur. L'individu était immense et portait un tee-shirt des *Chicago Bulls*. Il appuya sur la gâchette, le plomb fila droit jusqu'au cœur du prophète. Ce dernier tomba, raide mort… On apprit quelque temps plus tard que l'assassin était un extrémiste du MGG (Mouvement des Grandes Gigues), un grand espoir du sport mesurant deux mètres et qui avait été exclu de son équipe de foot car on avait abaissé la taille des buts. À chaque plongeon, il se cognait la tête. Il avait voulu se mettre au basket, mais ce sport, comme l'avait préconisé Moinain, avait été supprimé. C'est alors que, désespéré, « Xavier l'anguille », comme le surnommaient ses camarades, s'était inscrit au MGG.

Le coup partit si vite que la foule n'esquissa aucun geste. Un silence étrange s'installa dans la salle… On entendit le corps de Guillian heurter le parquet et l'on vit un mince filet de sang se frayer un chemin entre deux boutons de sa chemise blanche. Lorsque les spectateurs se relevèrent en poussant des gémissements terribles, la gigantesque banderole située au-dessus de l'estrade se décrocha. En tombant, elle recouvrit le corps du prophète comme un linceul d'outre-tombe. Sur cette banderole-épitaphe, on pouvait lire :

« Avec Guillian, un monde différent ! »

De Charybde en Scylla

Ah Dénia… se balader le long de la plage, découvrir les peaux dénudées et luisantes de multiples hidalgos sous le soleil, entrer sans effort dans l'eau chaude de la Méditerranée, s'éloigner du rivage et s'allonger bras en croix, le corps tourné vers le ciel, contempler à l'arrière-plan la silhouette du Montgo dans la lumière du jour et fermer les yeux, ne plus rien entendre, sentir uniquement les caresses apaisantes de l'onde… C'était ça le bonheur selon Pamela Deschamps, tout simplement ça, quelques instants fragiles de tranquillité, d'extase, d'osmose avec les éléments ! Se fondre dans la beauté du monde, n'être qu'une infime partie d'un grand tout féérique comme une poupée dans l'univers enchanteur de Disneyland…

Mais pour obtenir ça, chaque été, il fallait que la jeune fille se tape sa belle-mère et ses histoires-Alzheimer :

— Au fait Pamela, je vous ai déjà raconté la fois où je suis allée en croisière avec mon ex-mari ?

La sculpturale blonde au caractère bien trempé avait toujours envie de lui répondre : « À vrai dire, belle maman, votre histoire, ça fait à peu près quatre cents fois que je l'ai entendue, mais bon, je pense que cela ne va pas vous empêcher de me la raconter, vu que vous n'avez rien d'autre à foutre ! »

Mais, en belle-fille modèle, elle lui glissait, doucereuse :

— Ah non, belle maman, allez-y, je suis sûre que votre histoire est passionnante…

Et allez la croisière, encore cette fichue croisière avec toujours les mêmes remarques débiles de vieille bourgeoise décatie :

— La Russie, oh Moscou, c'est moche, y a rien à faire !

— La Suède, ah leurs biscottes, qu'est-ce qu'elles sont délicieuses !

— La Finlande, ah dis donc, qu'est-ce qu'il fait froid là-bas !

Vachement étonnant non, du froid en Finlande… En plus de cela, Pamela avait droit aux continuelles réflexions machistes de son beau-père Francis, auquel elle ne pouvait répondre, car c'était lui qui leur payait à peu près tout durant ces vacances :

— Toi, Pamela, avec les flotteurs que t'as, tu risques pas de couler !

Elle subissait également ses anecdotes de golf dont elle se contrefichait :

— Ce matin, j'ai fait un birdie au trou 13.

Et puis ses souvenirs de bringue entre machos-poivrots :

— Avec Dédé, on était complètement soûls, on s'est endormis sur la table !

Sans compter les nombreuses remarques misogynes sur l'incapacité des femmes à diriger une entreprise, l'incapacité des femmes à prendre une décision, l'incapacité des femmes tout court. Longue litanie du beauf intégral ! Enfin, elle devait supporter les remarques acerbes de son petit copain Jean-Eudes, slip de bain bleu blanc rouge sur la plage, ventre aussi rebondi qu'une bouillotte en plastique, complexé et jaloux, avec ses yeux-miradors et sa bouche-barbelée :

— Qu'est-ce que tu regardes, Pamela ?

— Rien du tout, seulement la mer…

— Non, je t'ai vue ! Tu as maté le beau gosse là-bas qui sortait de l'eau ! Je t'ai vue, tu bavais hein ? Mais vas-y, va le voir, sors avec lui ! Vas-y, mate les mecs devant mes parents ! T'as qu'à me tromper directement sur la plage pendant que tu y es !

Non décidément, tout réfléchi, pour être définitivement tranquille, il fallait qu'elle les tue tous les trois ! Trois meurtres pour accéder au bonheur… trois petits meurtres pour s'allonger dans l'eau bleu turquoise et sentir sur sa peau la paume chaleureuse du soleil, enfin seule…

L'appartement de Dénia avait été acheté par sa belle-mère Anne-Marie au moment où celle-ci travaillait au Maroc en tant qu'enseignante. À l'époque, elle et son ex-mari revenaient passer leurs vacances d'été en France. Ils traversaient donc l'Espagne en voiture et ils s'étaient un jour arrêtés à Dénia, petite station balnéaire encore inconnue. Tombée amoureuse de l'endroit, Anne-Marie avait acheté un appartement au pied de l'eau pour une bouchée de pain. Elle avait divorcé quelques années plus tard, puis s'était remariée avec un certain Francis ; le couple avait eu un garçon prénommé Jean-Eudes, et c'est en 2006 que Pamela avait connu pour la première fois le farniente en Espagne, alors que cela faisait à peine trois mois que la jeune fille sortait avec le fils prodigue. Un regard avait suffi pour qu'elle tombe amoureuse de l'endroit… Pour arriver à ses fins, la jeune fille avait conçu un plan assez simple : tout d'abord, elle devait se marier avec Jean-Eudes. Ensuite, tuer les trois membres de la famille. Le père en premier, la mère en deuxième, le fils en troisième. Jean-Eudes n'ayant ni frère ni sœur, l'appartement allait être à elle, à elle seule !

En 2009, Francis lui facilita la tâche. En effet, il mourut d'un cancer de la prostate. Pamela eut l'impression alors que les dieux favorisaient son funeste dessein. À l'enterrement, bien sûr, elle fut exemplaire : elle pleura toutes les larmes de son corps et répéta à tout le monde qu'elle avait toujours considéré le défunt comme son « deuxième papa ». Ce décès tomba à point nommé pour la jeune fille… En effet, elle profita de l'état déplorable de Jean-Eudes (en dépression suite à la disparition de son très cher papounet) pour évoquer leur union : le jeune homme avait jusqu'ici toujours refusé de s'engager… Pamela lui parla d'avenir, d'amour… Convaincante, elle réussit à obtenir un mariage en grande pompe le 6 juillet 2010, le jour de son anniversaire ! Belle-maman, ravie, s'occupa de l'organisation et de l'addition ! La mariée supporta le sermon du curé avec difficulté, mais cela en valait la chandelle. Maintenant c'était bon, si jamais par bonheur son mari venait à mourir, il s'engageait à lui céder l'intégralité de ses biens ! Devant le maire, dans sa superbe robe d'albâtre (merci encore Anne-Marie...), elle versa une petite larmichette. Avec l'argent de l'héritage de beau-papa, les amoureux s'accordèrent comme voyage de noces une année sabbatique : un séjour autour du monde sur un magnifique voilier. Quand ils revinrent, Pamela constata avec joie que la situation de sa belle-mère s'était dégradée. Seule dans sa trop grande maison, elle dépérissait à vue d'œil. La belle-fille modèle endossa avec dévouement le rôle d'infirmière comptable et s'occupa de tous les papiers administratifs. En fouillant dans le bureau de Francis et en dénichant le dossier *Immobilier*, elle s'aperçut que la maison dans laquelle habitait la veuve (une belle bâtisse en pierre située dans le centre-ville de Teurgoule-les-Bains) et l'appartement de Dénia valaient une véritable fortune ! De quoi s'assurer un patrimoine de rentière ! Le problème, c'était qu'Anne-Marie voulait quitter sa grande maison et son bel escalier glissant :

— Tu vois, ma petite Pam, déclara-t-elle, j'ai trop de souvenirs dedans ! J'ai l'impression de voir partout le fantôme de Francis.

— Mais non, belle-maman, lui répondit sa bru, vous devez rester là. Si vous partez, ce serait comme l'abandonner une deuxième fois.

La vieille peau acquiesça, mais se mit en tête d'acheter un monte-escalier :

— Tu sais, Pamela, avec mon problème d'équilibre, un accident est vite arrivé...

Diabolique Pam fit semblant de se fâcher tout rouge :

— Ah ça non, belle-maman, il faut faire des efforts ! Si vous ne faites pas un minimum d'exercice, vous allez finir en fauteuil roulant, c'est ça que vous voulez ?

Quelques jours plus tard, le mardi 3 mai 2012, on retrouva malencontreusement Anne-Marie allongée sur le parquet du rez-de-chaussée… Pamela fut alertée par les cris de Mme Gicquel, la femme de ménage. Au lit avec Jean-Eudes, elle descendit quatre à quatre l'escalier : belle-maman était morte ! Devant les pompiers, elle multiplia les jérémiades : « Ah pourtant, je lui avais dit d'acheter un monte-escalier, je lui avais dit ! » Personne ne sut que, s'étant levée en même temps que la veuve, elle lui avait gentiment proposé de l'emmener bras dessus bras dessous dans la cuisine pour le petit-déjeuner, sous prétexte de lui beurrer ses biscottes suédoises. Arrivées en haut de l'escalier, la belle-fille avait accompagné sa belle-mère vers la mort d'une simple pression de la main…

Jean-Eudes était désespéré, mais dorénavant très riche ! Il ne restait plus que lui. Un seul obstacle ! Un seul ! Mais comment le tuer sans éveiller les soupçons ? Pamela choisit tout simplement la méthode douce en s'armant de patience : en effet, l'héritier était, à la mort de son père, devenu complètement alcoolique. En épouse modèle, elle l'assista du mieux qu'elle put : elle allait régulièrement lui acheter ses bouteilles de rhum et l'incita à boire en lui présentant le monde comme un univers détestable : « Ah dis donc, que vaut la vie sans la famille… ton père… et juste après ta mère… quelle tragédie… que de malheurs…. Tu n'avais qu'eux en plus… Et puis vraiment, à quoi ça sert d'exister quand on voit la planète, comment elle se barre en couille… Et puis tu as vu les gilets jaunes, les inégalités sociales ? As-tu entendu l'autre jour l'interview de Jean-Michel Goinfray sur *Prozac News* ? C'est la décadence, le bateau coule, le Titanic ! Franchement, tu préfères te noyer ou te foutre une balle dans la tête ? »

Une nuit, alors qu'il était en train de fumer et de boire sur le canapé du salon, Jean-Eudes s'endormit. Son verre de rhum tomba par terre en même temps que la bougie posée sur la table basse. Toute la maison brûla. Hélas, malgré tous ses efforts, Pamela ne put sauver son mari des flammes… Quelques jours plus tard, la jeune fille entra dans le cabinet du notaire d'un air triste et convaincu. Enfin Dénia était à elle, elle avait réussi sa mission ! Assise sur un fauteuil en moleskine rose, elle était en train de songer à l'eau bleu turquoise ainsi qu'au soleil brûlant quand elle entendit le clerc annoncer :

— Désormais, l'appartement est à vous deux, il va falloir vous arranger avec lui…

— Mais comment ça avec lui, Monsieur Duteil ? s'exclama Pamela, stupéfaite. Je n'ai pas suivi !

— Je viens de vous le dire, la tança le notaire, votre belle-mère avait un frère qu'elle ne voyait certes plus, mais qui obtient par succession une petite part de ses biens dont l'appartement fait partie !

Nullement découragée par ce nouvel obstacle, la jeune veuve se rendit aussitôt dans le nord de la France où elle rencontra Georges, quatre-vingt-dix ans, à qui elle était bien décidée à racheter cette infime et maudite part. Avec le plus beau de ses sourires, elle commença l'entretien :

— Vous êtes vieux maintenant, et puis à Dénia, il fait trop chaud l'été pour vous, avec vos problèmes de santé.

— Comment ? hurla-t-il.

— Vous êtes vieux maintenant, répéta-t-elle, et puis à Dénia…

La momie la regardait avec ses yeux chassieux, ses mains tremblantes, ajustant constamment son sonotone qui ne marchait plus. Diabolique Pam crut tout d'un coup qu'il était la réincarnation du Diable quand il lui déclara, soudain ragaillardi :

— Dénia, ça va me faire du bien, j'ai trop froid ici, il me faut un peu de chaleur, un peu de soleil. On ira ensemble hein jeune fille, tu m'emmèneras hein ? Ah, t'es ben gentille !

Traîner papy Georges sur la plage, croiser les jeunes hidalgos avec, au bras, un grabataire-couche *Confiance* en tenue de bain, autant dire que la jeune fille était au désespoir… On était en 2016, et malgré tous ses efforts, elle n'avait toujours pas Dénia pour elle seule !

Elle passa trois mois à s'occuper de l'ancêtre, l'incitant à sortir son chien. Pendant la promenade, elle suivait en secret son itinéraire. Un matin, alors qu'il débouchait d'une rue déserte, elle passa devant lui et asséna un énorme coup de klaxon qui le fit sursauter. Papy Georges tomba sur le trottoir, arrêt cardiaque ! On l'emmena à l'hôpital ; Pamela monta aussitôt dans l'ambulance. Dans le long couloir des urgences, elle languit, espérant à tout moment apercevoir le médecin débarquer avec une mine triste. Mais l'ancien combattant survécut. Il fallut un deuxième coup de klaxon pour l'achever. Quand même ! Une nouvelle fois, elle avait réussi, elle commença à se considérer comme le plus grand assassin de l'histoire ! Jackie l'Éventrice, Émilienne Louise !!

Mais son rire-Gargamel fut de courte durée. Le destin jouait avec elle et l'entraînait dans ses filets tout comme les tentacules d'un poulpe sadique au fond des abysses… Lors de son deuxième entretien avec le notaire, il lui signifia que désormais, Dénia était à elle, à elle seule. Pourtant, deux semaines plus tard, elle reçut un coup de fil de monsieur Duteil : en faisant des recherches généalogiques plus poussées, il avait découvert une fille qu'avait eue Anne-Marie pendant son époque hippie avec un rastafari danois. Belle maman s'était bien gardée de le leur dire ! La petite était née sous X et constituait à présent l'ennemi numéro 1 de Pamela. Le problème, c'était qu'elle n'était pas vieille, n'avait pas de problème d'équilibre, aucun souci avec l'alcool, en parfaite santé, n'avait rien au niveau du cœur ! Émeline, c'était son nom, quarante ans, c'était son âge ! Un mari costaud et deux enfants adorant faire des pâtés de sable sur n'importe quelle plage… C'était terrible, mais la jeune fille n'avait pas le choix : il fallait qu'elle se débarrasse de cette famille encombrante…

Altruiste, elle emmena toute la petite famille en Espagne avec sa propre voiture. Elle dut supporter les réflexions du mari d'Émeline qui ne jouait pas au golf, mais dont la passion était les bagnoles : « Vise à gauche là, en train de doubler, une Roadster BMW 3000 XP 12 jantes alu 17 pouces. Eh ben, ça doit en avoir des p'tits ch'vaux sous l'capot ! » Diabolique Pam aurait voulu le sortir violement de sa caisse, qu'il s'écrase sur le bitume, mais elle se retint. Après huit heures de route, ils arrivèrent à bon port. Pendant le séjour, elle leur fit visiter Dénia, son avenue Marquès de Campo, petite promenade à l'ombre le long des chênes. Elle paya même des glaces aux enfants. Elle les emmena au château en haut duquel ils contemplèrent avec adoration les silhouettes brumeuses des îles Baléares. Elle leur fit parcourir les ruelles de la vieille ville, rue Loreto, avec ses nombreux restaurants où s'amoncelaient les tapas. Elle les emmena enfin et surtout au sommet du col de Rates en empruntant une route escarpée et infréquentée. Arrivés en haut, Pamela arrêta la voiture sur le bord de la route afin que le couple puisse prendre des photos. Elle sortit fumer une cigarette. Le mari prit sa femme en photo, la femme prit son mari en photo, le mari prit sa femme et ses enfants, la femme prit… Et tout ce petit monde rentra dans la voiture… Diabolique Pam termina sa clope, l'écrasa sur le sol, l'occasion était trop belle ! Le frein à main était abaissé, elle le savait, elle avait par inadvertance oublié de le remonter… Au moment où le mari referma la portière, la sculpturale blonde rassembla ses forces et s'élança… La voiture tomba deux cents mètres plus bas, aussi concassée qu'une canette de bière après un numéro de claquettes réalisé par Teddy Riner. Après quelques minutes de jubilation intense, Pamela se reprit et regagna l'appartement en empruntant des sentiers de randonnée. Il lui fallut quatre heures pour atteindre Dénia. Par bonheur, elle ne croisa personne. À vingt-et-une heures, quand elle se posa sur la plage, verre de vin rouge glacé en main face au coucher du soleil, elle eut le sentiment du devoir accompli… Le lendemain, la Guardia Civil vint lui annoncer la triste nouvelle : un trailer avait découvert sa voiture, tout du moins ce qu'il en restait. La plaque d'immatriculation les avait orientés vers elle. Auprès des policiers, elle versa des larmes de crocodile en se lamentant sur cette joyeuse smala qu'elle avait hébergée et qui avait voulu s'offrir une promenade en famille au col de Rates. Un grand malheur vraiment, une tragédie dont elle aurait du mal à se remettre… Cependant, peu après, monsieur Duteil (aussitôt joint par téléphone) facilita sa digestion, puisqu'il prononça avec solennité les mots qu'elle attendait depuis de nombreuses années :

— Écoutez ma chère Madame, suite aux événements tragiques survenus aujourd'hui, désormais, vous êtes l'unique propriétaire de l'appartement de Dénia. Il n'y a aucune trace d'autres possibles héritiers. Il me reste à vous souhaiter bonne continuation.

Quand elle raccrocha, un sentiment infini de plaisir parcourut tout son corps. Sur le balcon, face à la mer, Diabolique Pam était dorénavant et définitivement seule et riche ! Elle enfila son plus beau maillot, descendit à la plage et se baigna dans les eaux chaudes et apaisantes de la Costa Blanca. Bras en croix au-dessus de l'azur, elle ferma les yeux et se laissa dériver, dériver, dériver, enfin sereine… Tout à coup, elle sentit une violente décharge au niveau de la nuque ! Elle se releva brusquement, puis reçut une deuxième décharge, suivie d'une troisième, d'une quatrième. Affolée, les yeux cette fois-ci grands ouverts, elle poussa un cri d'effroi : autour d'elle, formant un cercle de juges, se tenaient sept méduses ! Des *Pelagia Noctiluca* remontées en banc des côtes tunisiennes aussi furieusement que les sept cavaliers de l'Apocalypse ! Devenue folle, Diabolique Pam agita ses bras dans tous les sens. Elle distinguait dans les corps transparents le visage de toutes ses victimes : Anne-Marie, Jean-Eudes, Georges, ainsi que la pauvre Émeline, son mari et ses enfants…

Quelques heures plus tard, on retrouva la jeune fille noyée, la peau parsemée de brûlures… De branches en branches généalogiques, l'appartement de Dénia finit par arriver dans les mains d'un petit cousin d'Anne-Marie qui n'avait absolument rien fait pour l'obtenir… Martin Hypothalamus, c'est son nom, passe désormais son temps à écrire des histoires et à siroter des verres de rouge glacés en contemplant la Méditerranée…

Fin

Du même auteur

Le père, le fils et le Saint-Esprit. Ce n'est pas un trio tout neuf. C'est vraiment une vieille formule faite à l'emporte-pièce et pourtant, ici, elle fonctionne à merveille. Pour lui, pour le héros, loqueteux et magnifique à la fois, elle a pris un autre sens, depuis qu'il a compris le fin du fin du sens de la formule. À cause de son papa. C'est un serial killer. Et puisque nous en sommes aux formules toutes faites, disons simplement que bon sang ne saurait mentir.

Découvrez les autres collections de JDH Éditions